원리를 아니까 재밌게 하니까

아하 한글 배우기

1

모음 글자를 배워요

창비

왜 『아하 한글 배우기』로 시작해야 할까요?

『아하 한글 배우기』는 쉬운 글자부터 어려운 글자까지, 한글을 조합하는 원리를 3단계로 배울 수 있도록 만들었어요. 주변 사물의 이름에서 필요한 글자를 찾으며 흥미를 높이고, 또 글자 모양을 몸이나 사물과 연결하며 한글의 원리를 익힐 수 있도록 했어요.
이 책은 한글을 처음 배우는 아이부터 한글 학습에 어려움을 겪는 아이 모두를 위한 기본 교재예요. 그러므로 누구나 이 책으로 한글을 배우면 모르는 글자도 읽고 쓸 수 있어요.

『아하 한글 배우기』 시리즈 구성

1단계 기본 글자를 읽어요

1권: 모음 글자를 배워요

1권에서는 먼저 모음 글자 10개(ㅏ, ㅑ, ㅓ, ㅕ, ㅗ, ㅛ, ㅜ, ㅠ, ㅡ, ㅣ)를 배워요. 이 글자들이 전체 모음 글자의 84%를 차지하기 때문이에요. 현존하는 최초의 한글 학습서인 『훈몽자회』(1527년)에도 10개의 모음이 먼저 나와요. 교과서나 사전은 'ㅏ, ㅐ, ㅑ, ㅒ, ㅓ, ㅔ…' 순서로 되어 있어 사용하기 번거로우므로, 이 책에서는 『훈몽자회』의 원칙을 따르면서, 현대 한글에서 사용하는 빈도를 고려하여 많이 쓰는 모음을 먼저 배우도록 했어요.

2권: 자음 글자를 배워요

2권에서는 첫소리에서 가장 많이 사용하는 자음 글자 13개(ㄱ, ㄴ, ㄷ, ㄹ, ㅁ, ㅂ, ㅅ, ㅈ, ㅊ, ㅋ, ㅌ, ㅍ, ㅎ)를 배워요. 'ㄱ~ㅎ'이 첫소리에 오는 경우가 전체 한글의 97%가 넘기 때문이에요. 쌍자음은 사용 빈도가 낮고, 다른 자음과 함께 배우면 부담스러우므로 복잡한 모음과 함께 가장 나중에 배워요.

글자와 소리의 중심!
기본 모음부터 탄탄하게!

많이 쓰는 자음만
모아서 먼저!

7개의 기본 받침만 먼저
효율적으로!

『아하 한글 배우기』로
한글 떼기
100% 완성!

쌍자음과 복잡한 모음만
모아 한 권으로!

2단계 받침 글자도 읽어요

3권: 받침 글자를 배워요

3권에서는 가장 많이 쓰는 기본 받침 7개(ㄱ, ㄴ, ㄹ, ㅁ, ㅂ, ㅅ, ㅇ)를 배워요. 기본 받침이 전체 받침 글자의 90%를 차지하기 때문이에요. 이들 받침은 대부분 소리 나는 대로 쓸 수 있어서 중요하고 배우기 쉬워요. 이것 역시 『훈민정음』과 『훈몽자회』의 원칙을 따른 거예요.

3단계 복잡한 글자까지 읽어요

4권: 복잡한 글자를 배워요

4권에서는 복잡한 모음 11개(ㅐ, ㅔ, ㅘ, ㅢ, ㅟ, ㅚ, ㅙ, ㅝ, ㅞ, ㅒ, ㅖ)와 복잡한 자음 5개(ㄲ, ㄸ, ㅃ, ㅆ, ㅉ)를 모아서 배워요. 잘 사용하지 않고 모양이 복잡한 글자를 모아서 한꺼번에 배우는 것이 효율적이기 때문이에요. 복잡한 모음 중에서도 'ㅒ, ㅖ'는 전체의 0.02%밖에 되지 않고 글자 모양이 어렵기 때문에 가장 나중에 배워요. 쌍자음도 전체의 2.29%밖에 안 되기 때문에 굳이 빨리 배울 필요는 없어요.

이 책을 자세히 들여다볼까요?

1단계. 소리와 글자를 연결하고 글자 모양을 기억해요

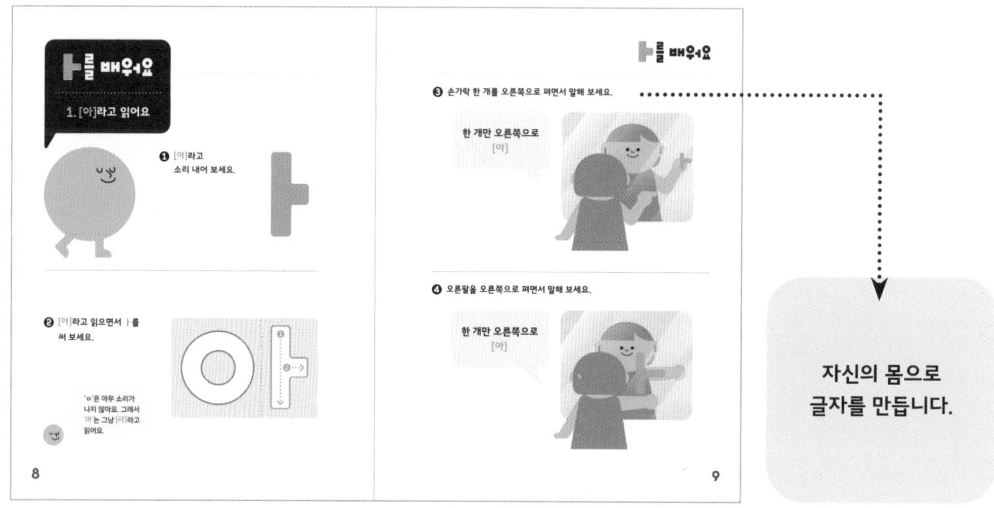

모음을 여러 번 소리 내어 읽으면서 글자와 연결합니다. 처음에는 모음만 다루고, 그다음에는 음절 글자를 만들어 발음합니다. 상황에 따라 아이가 좋아하는 대상 속에서 글자의 모양을 찾아봐도 좋습니다.

2단계. 단어를 통해 글자의 필요성을 이해해요

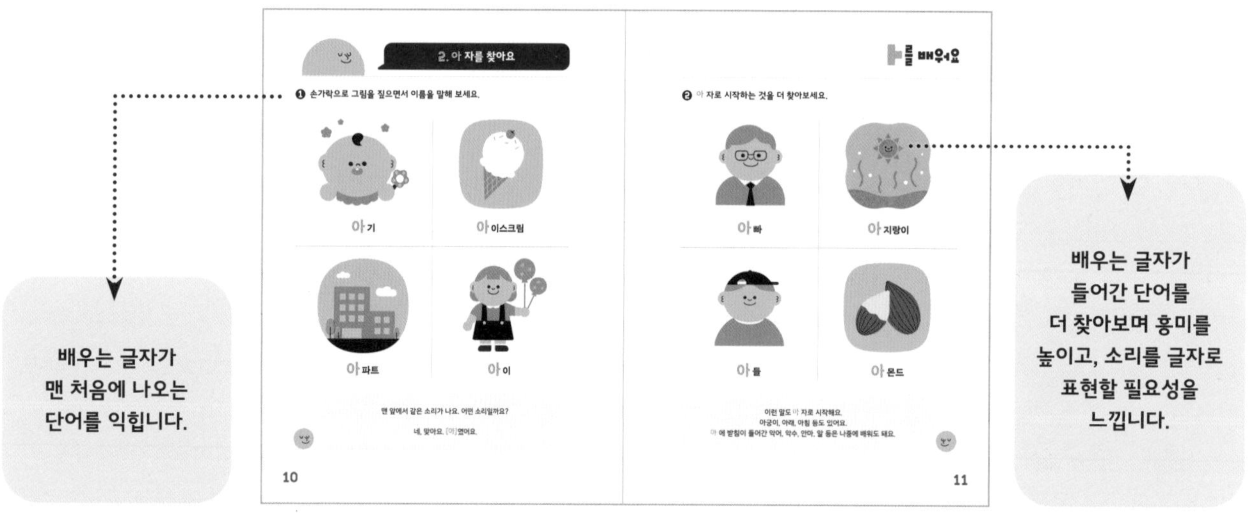

손가락으로 그림을 짚으면서 이름을 소리 내어 말합니다. 이름을 말하다 보면 첫 글자의 소리가 같은 것을 알게 됩니다. 이 소리가 무엇인지 확인하고, 이 소리에 맞는 글자를 배운다는 점을 확실히 학습하고 넘어갑니다. 다른 그림의 이름도 말해 보고, 첫 글자가 같은 단어도 좀 더 찾아봅니다.

모음 글자를 배워요

3단계. 낱글자를 쓰고 음절 글자를 조합하는 원리를 깨우쳐요

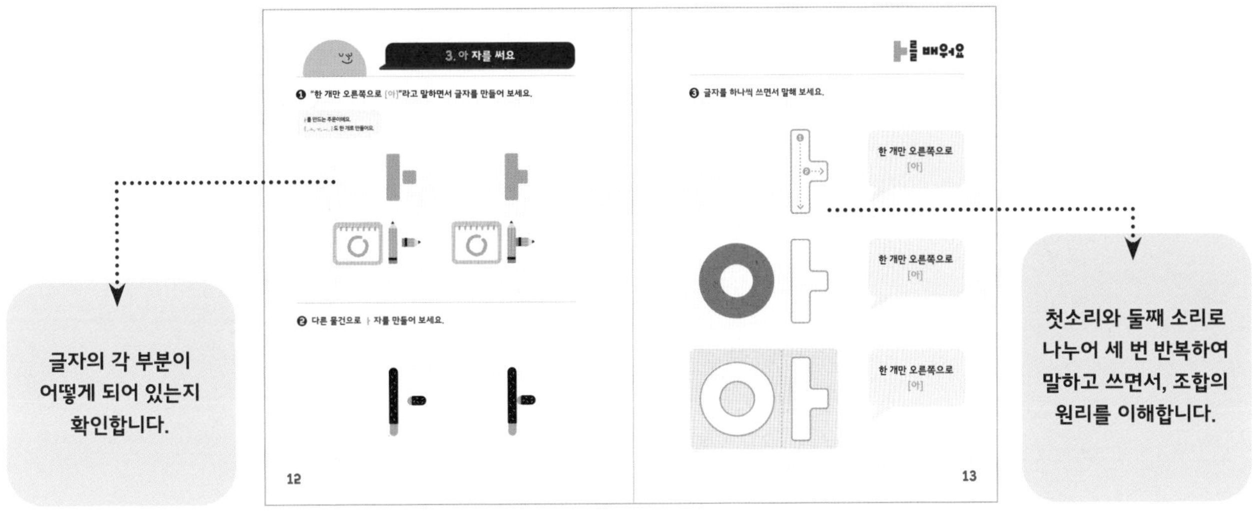

음절 글자의 각 부분을 나누어 하나씩 살펴보고 조합하여 완전한 글자를 씁니다.
글자가 만들어지는 기본 원리를 확인하고, 쓰는 순서도 익힐 수 있습니다.

4단계. 음절 글자 쓰는 연습을 하고, 비슷한 모양의 모음을 비교해요

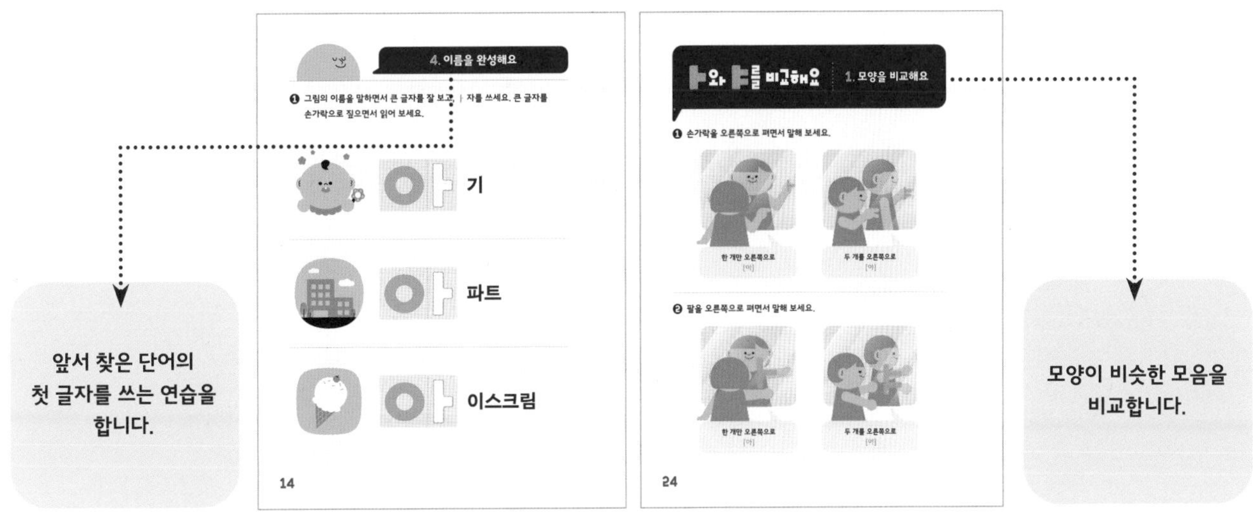

모음 글자에 집중해서 쓰기 연습을 합니다. 단어의 이름을 알고 쓰면 아이의 자아 성취감이 높아지고,
다른 글자를 학습할 때도 자신감이 생깁니다. 처음에는 낱글자에만 초점을 두어 연습하고,
뒤에서는 음절 글자로 묶어서 씁니다.

아하 한글 배우기 1

48쪽

56쪽

68쪽

76쪽

모음 글자를 배워요

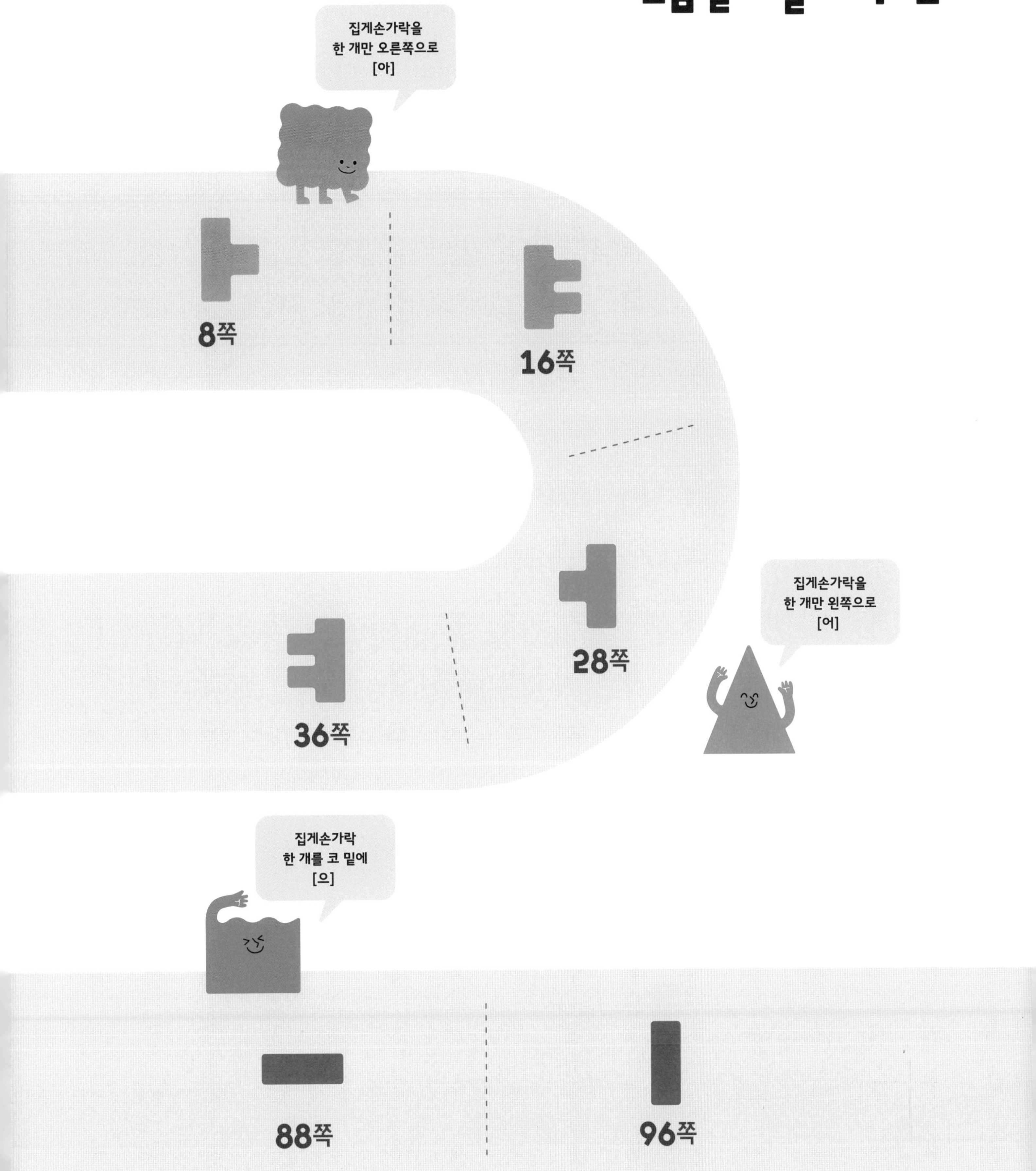

집게손가락을
한 개만 오른쪽으로
[아]

ㅏ 8쪽

ㅑ 16쪽

ㅓ 28쪽

집게손가락을
한 개만 왼쪽으로
[어]

ㅕ 36쪽

ㅡ 88쪽

ㅣ 96쪽

ㅏ를 배워요

1. [아]라고 읽어요

❶ [아]라고
소리 내어 보세요.

❷ [아]라고 읽으면서 ㅏ 자를
써 보세요.

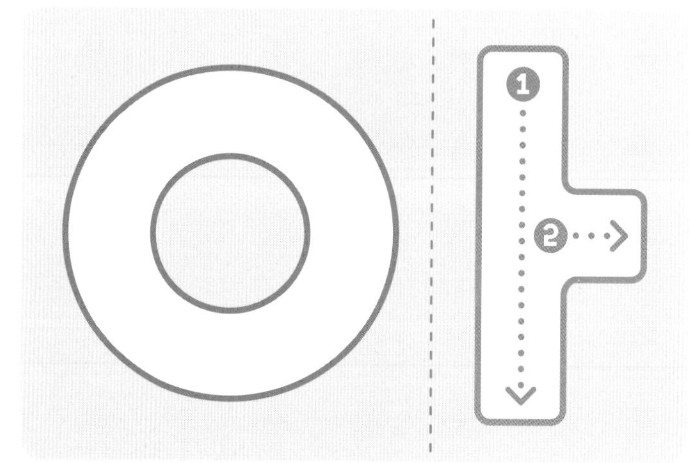

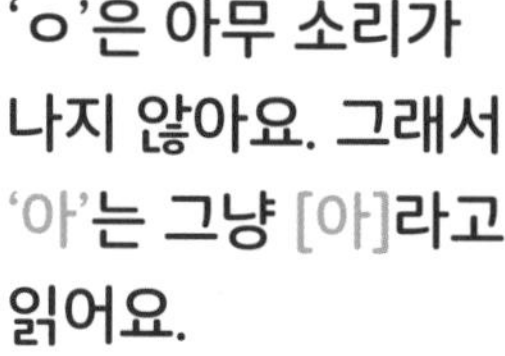

'ㅇ'은 아무 소리가
나지 않아요. 그래서
'아'는 그냥 [아]라고
읽어요.

❸ 손가락 한 개를 오른쪽으로 펴면서 말해 보세요.

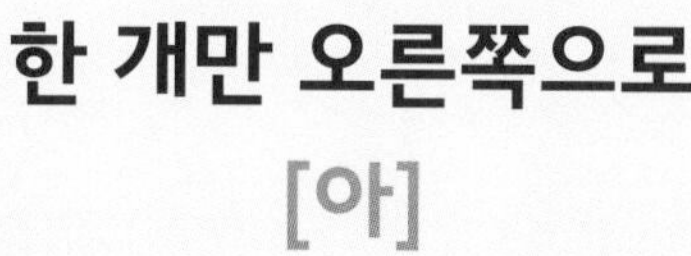

❹ 오른팔을 오른쪽으로 펴면서 말해 보세요.

한 개만 오른쪽으로
[아]

2. 아 자를 찾아요

❶ 손가락으로 그림을 짚으면서 이름을 말해 보세요.

아기

아이스크림

아파트

아이

맨 앞에서 같은 소리가 나요. 무엇이었나요?

네, 맞아요. [아]였어요.

② 아 자로 시작하는 것을 더 찾아보세요.

아빠

아지랑이

아들

아몬드

이런 말도 아 자로 시작해요.
아궁이, 아래, 아침 등도 있어요.
아에 받침이 들어간 악어, 악수, 안마, 알 등은 나중에 배워도 돼요.

3. 아 자를 써요

❶ "한 개만 오른쪽으로 [아]"라고 말하면서 글자를 만들어 보세요.

ㅏ를 만드는 주문이에요.
ㅓ, ㅗ, ㅜ, ㅡ, ㅣ도 한 개로 만들어요.

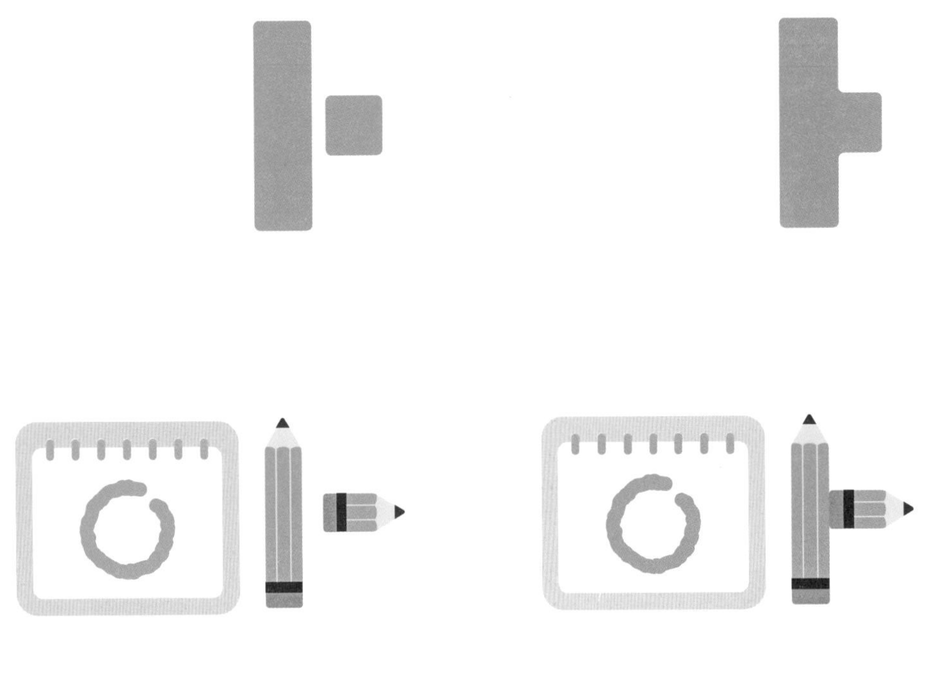

❷ 다른 물건으로 ㅏ 자를 만들어 보세요.

❸ 글자를 하나씩 쓰면서 말해 보세요.

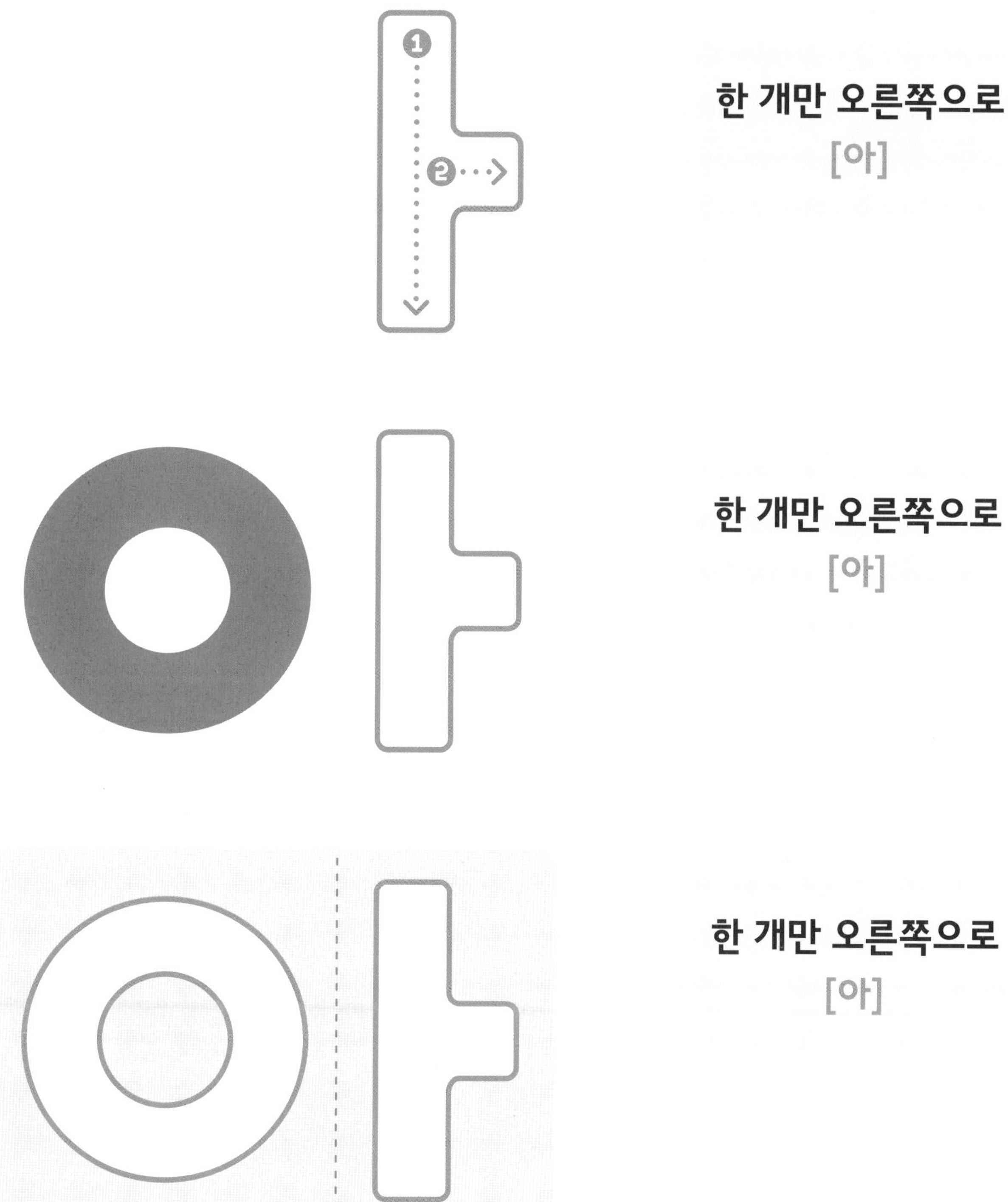

4. 이름을 완성해요

❶ 그림의 이름을 말하면서 큰 글자를 잘 보고, ㅏ 자를 쓰세요. 큰 글자를 손가락으로 짚으면서 읽어 보세요.

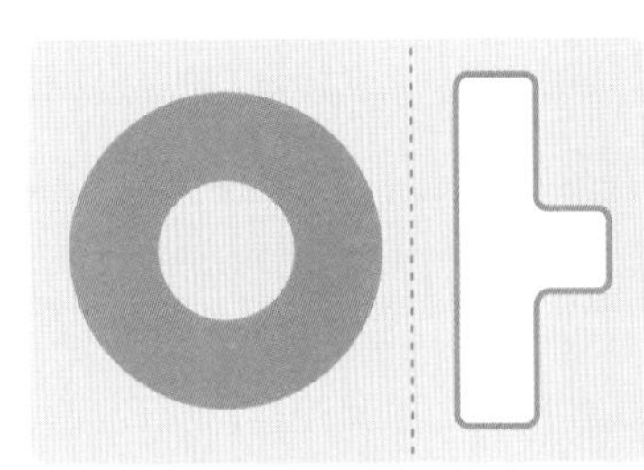

기

파트

이스크림

❷ 그림의 이름을 말하면서 큰 글자를 잘 보고, 아 자를 쓰세요.

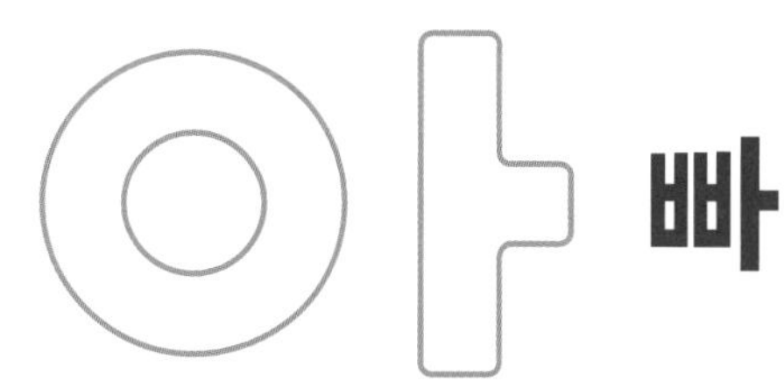

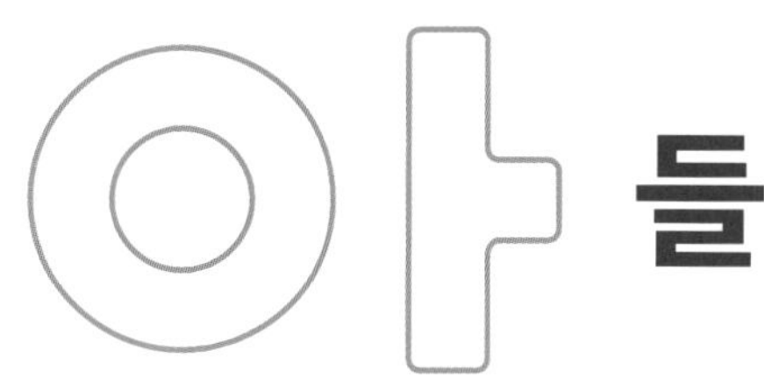

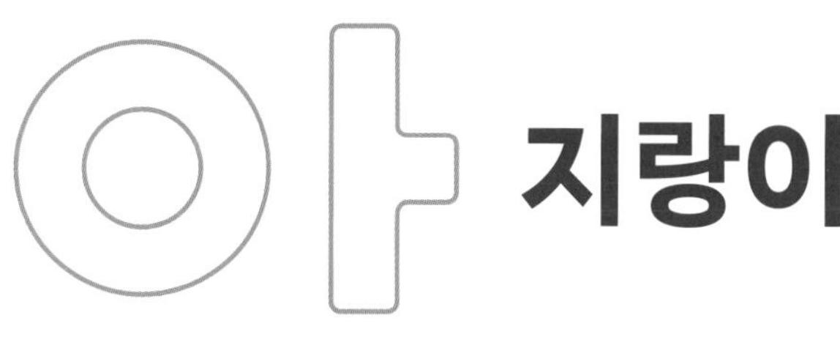

1. [야]라고 읽어요

❶ [야]라고
소리 내어 보세요.

❷ [야]라고 읽으면서 ㅑ 자를
써 보세요.

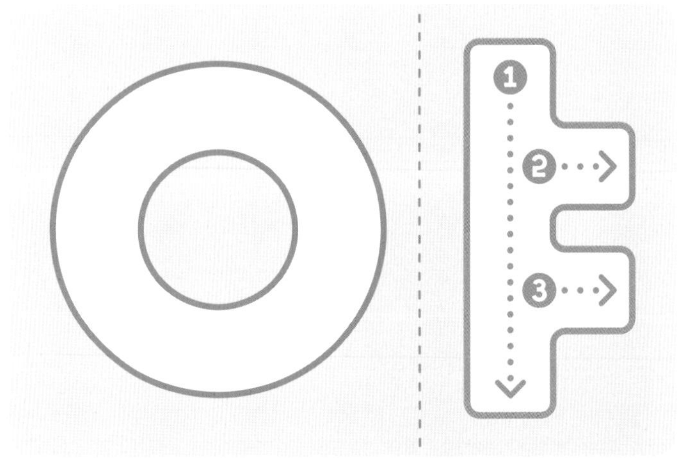

❸ 손가락 두 개를 오른쪽으로 펴면서 말해 보세요.

두 개를 오른쪽으로
[야]

❹ 두 팔을 오른쪽으로 펴면서 말해 보세요.

두 개를 오른쪽으로
[야]

2. 야 자를 찾아요

❶ 손가락으로 그림을 짚으면서 이름을 말해 보세요.

야호

야구

야자나무

야옹야옹

맨 앞에서 같은 소리가 나요. 무엇이었나요?

네, 맞아요. [야]였어요.

❷ 야 자로 시작하는 것을 더 찾아보세요.

야구장

야광

야시장

야금야금

이런 말도 야 자로 시작해요.
야구 장갑, 야생화, 야수, 야외, 야채 등도 있어요.
야에 받침이 들어간 약, 양 등은 나중에 배워도 돼요.

3. 야 자를 써요

❶ "두 개를 오른쪽으로 [야]"라고 말하면서 글자를 만들어 보세요.

ㅑ를 만드는 주문이에요.
ㅕ, ㅛ, ㅠ도 두 개로 만들어요.

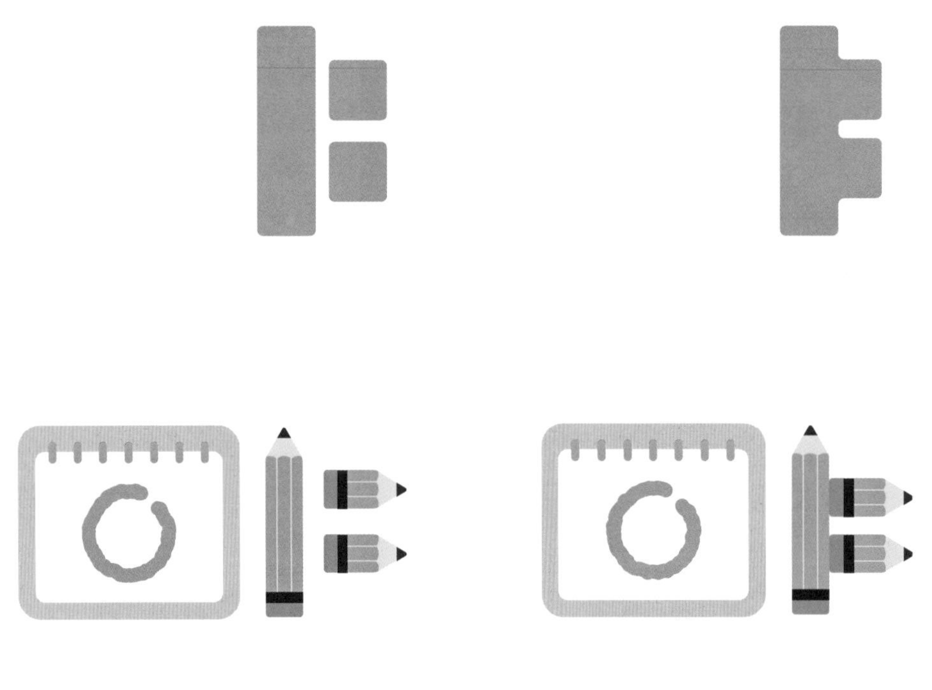

❷ 다른 물건으로 ㅑ 자를 만들어 보세요.

❸ 글자를 하나씩 쓰면서 말해 보세요.

두 개를 오른쪽으로
[야]

두 개를 오른쪽으로
[야]

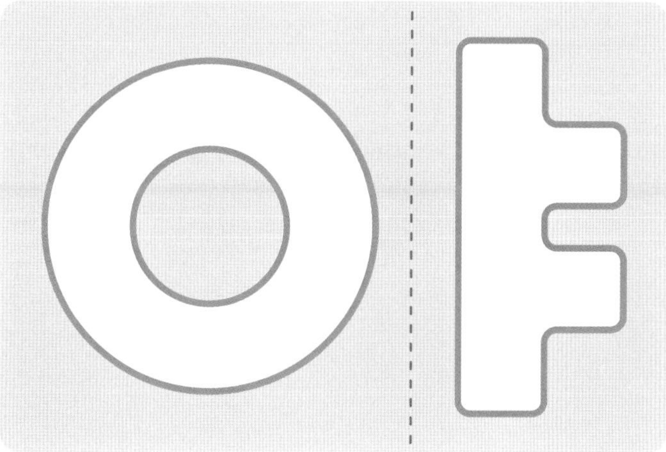

두 개를 오른쪽으로
[야]

4. 이름을 완성해요

❶ 그림의 이름을 말하면서 큰 글자를 잘 보고, ㅑ 자를 쓰세요. 큰 글자를 손가락으로 짚으면서 읽어 보세요.

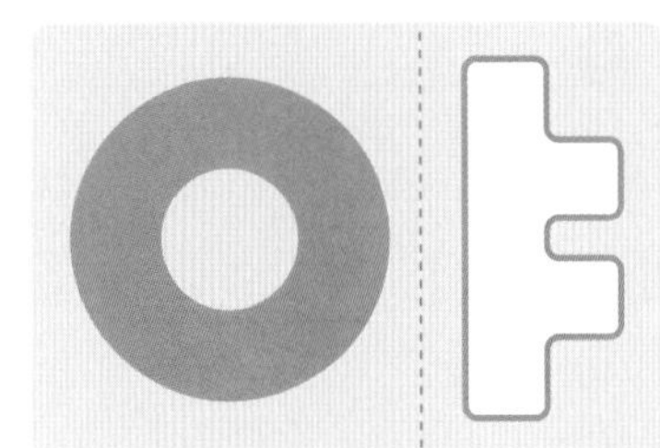 호

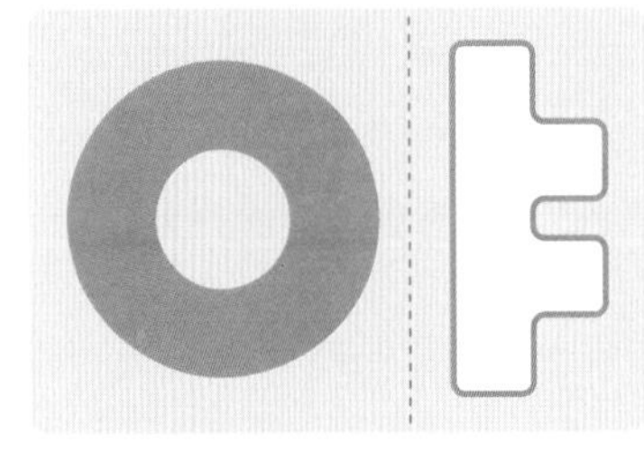 구

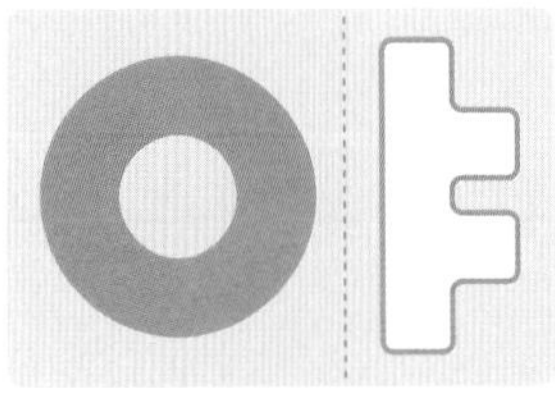 옹 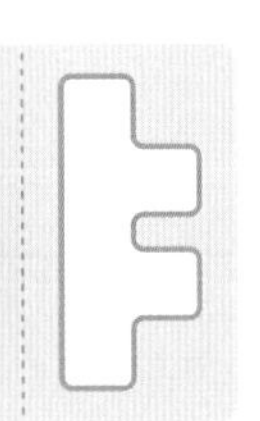 옹

❷ 그림의 이름을 말하면서 큰 글자를 잘 보고, 야 자를 쓰세요.

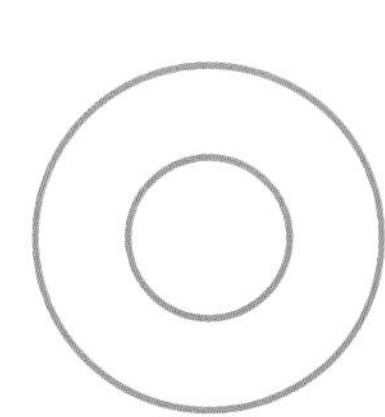

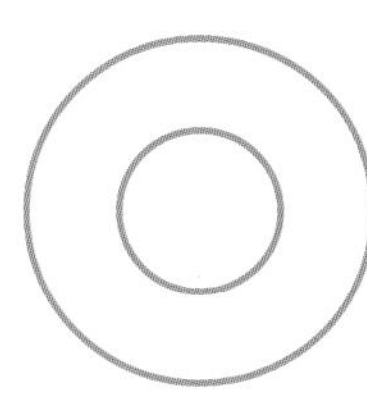

ㅏ와 ㅑ를 비교해요

1. 모양을 비교해요

❶ 손가락을 오른쪽으로 펴면서 말해 보세요.

한 개만 오른쪽으로
[아]

두 개를 오른쪽으로
[야]

❷ 팔을 오른쪽으로 펴면서 말해 보세요.

한 개만 오른쪽으로
[아]

두 개를 오른쪽으로
[야]

❸ 글자를 하나씩 쓰면서 말해 보세요.

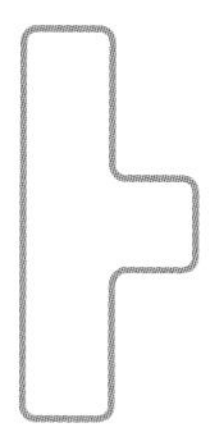

한 개만 오른쪽으로
[아]

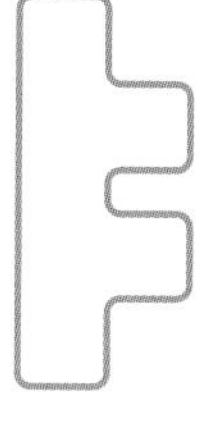

두 개를 오른쪽으로
[야]

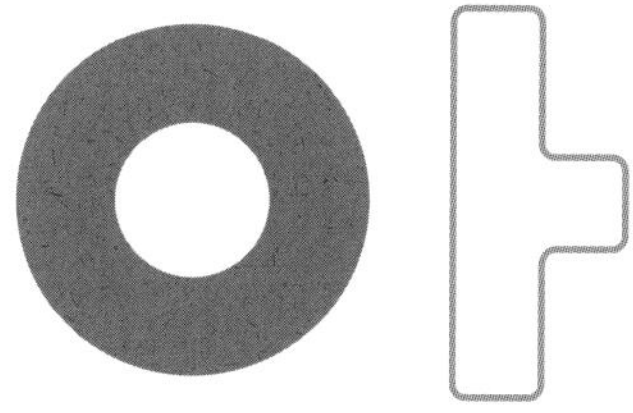

한 개만 오른쪽으로
[아]

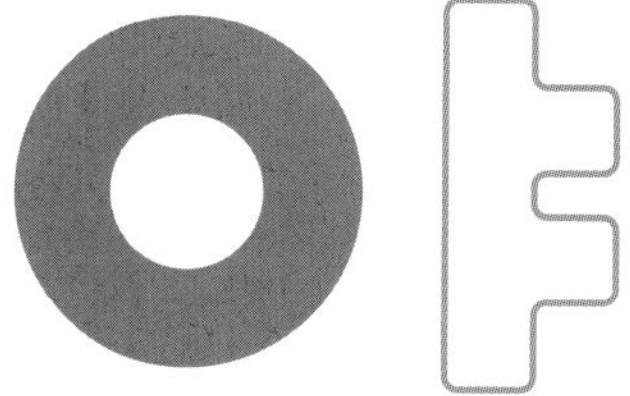

두 개를 오른쪽으로
[야]

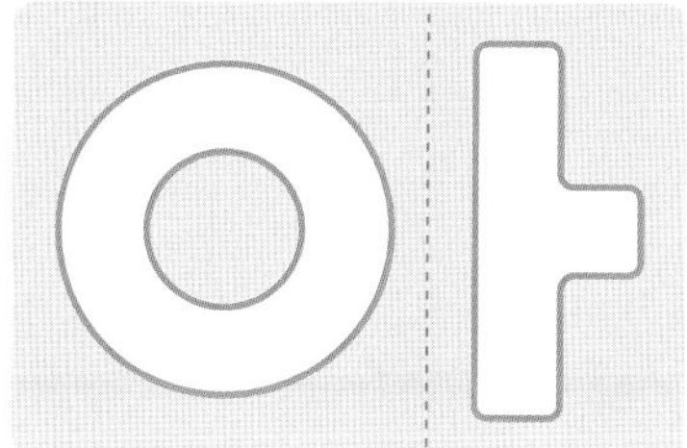

한 개만 오른쪽으로
[아]

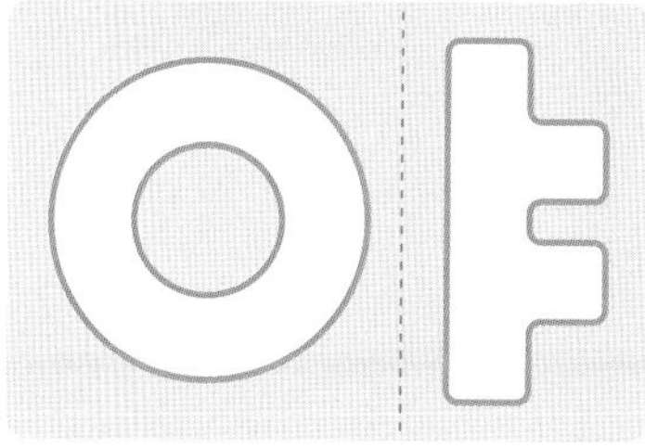

두 개를 오른쪽으로
[야]

2. 첫 글자를 써요

❶ [아]라고 소리 내면서 ㅏ 자를 쓰세요.

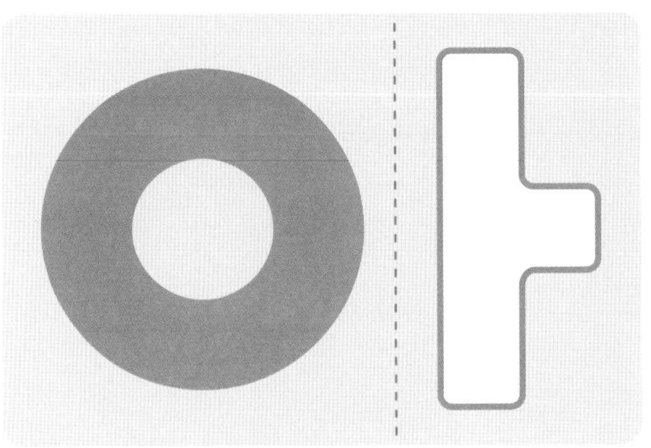

❷ [아]를 크게 소리 내면서 그림의 이름을 말해 보고, 아 자를 쓰세요.

❸ [야]라고 소리 내면서 ㅑ 자를 쓰세요.

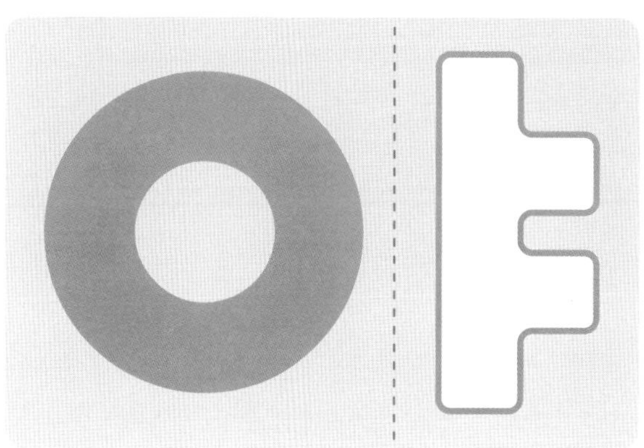

❹ [야]를 크게 소리 내면서 그림의 이름을 말해 보고, 야 자를 쓰세요.

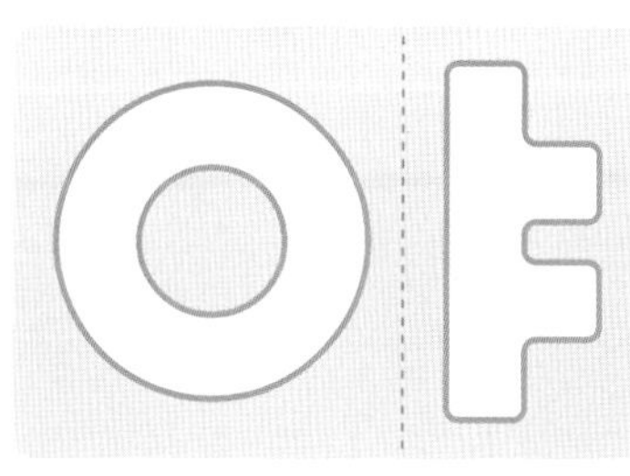

자나무

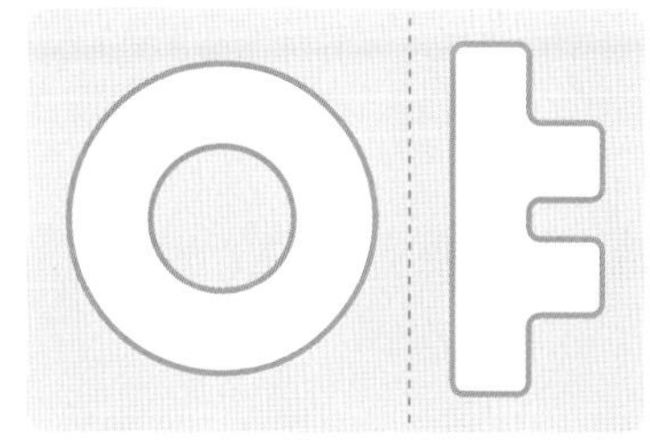

시장

ㅓ를 배워요

1. [어]라고 읽어요

❶ [어]라고
소리 내어 보세요.

❷ [어]라고 읽으면서 ㅓ 자를
써 보세요.

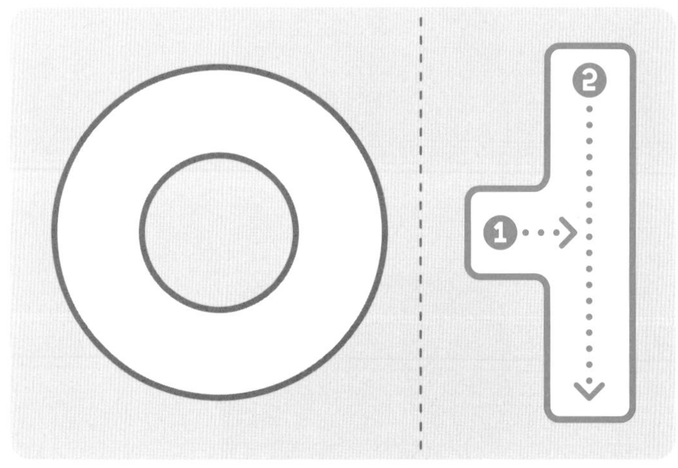

❸ 손가락 한 개를 왼쪽으로 펴면서 말해 보세요.

한 개만 왼쪽으로
[어]

❹ 왼팔을 왼쪽으로 펴면서 말해 보세요.

한 개만 왼쪽으로
[어]

2. 어 자를 찾아요

❶ 손가락으로 그림을 짚으면서 이름을 말해 보세요.

어부

어부바

어묵

어린이날

맨 앞에서 같은 소리가 나요. 무엇이었나요?

네, 맞아요. [어]였어요.

❷ 어 자로 시작하는 것을 더 찾아보세요.

어른

어항

어흥

어버이날

이런 말도 어 자로 시작해요.
어금니, 어깨, 어머니, 어제 등도 있어요.
어에 받침이 들어간 언니, 얼굴, 얼룩말, 엄마 등은 나중에 배워도 돼요.

3. 어 자를 써요

❶ "한 개만 왼쪽으로 [어]"라고 말하면서 글자를 만들어 보세요.

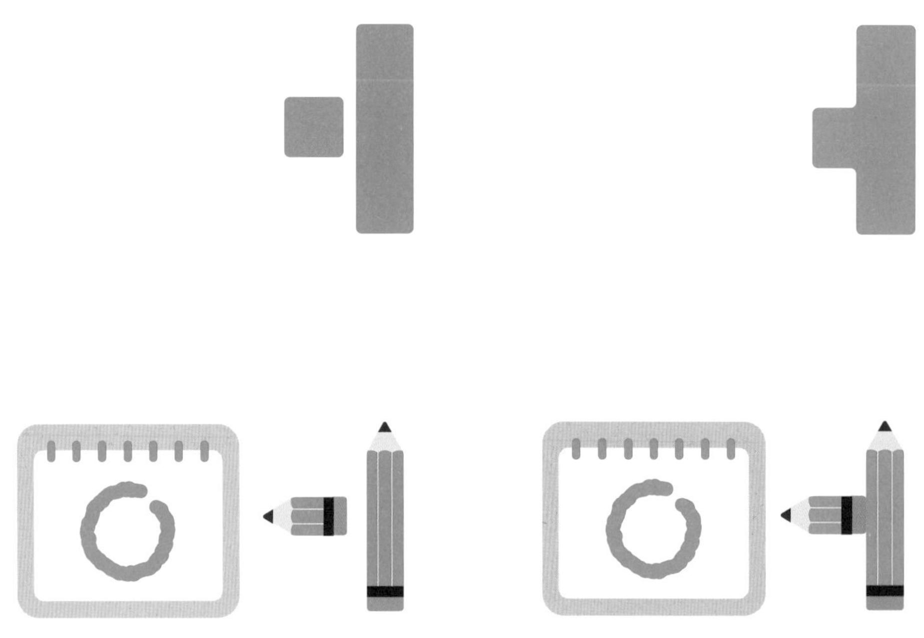

❷ 다른 물건으로 ㅓ 자를 만들어 보세요.

❸ 글자를 하나씩 쓰면서 말해 보세요.

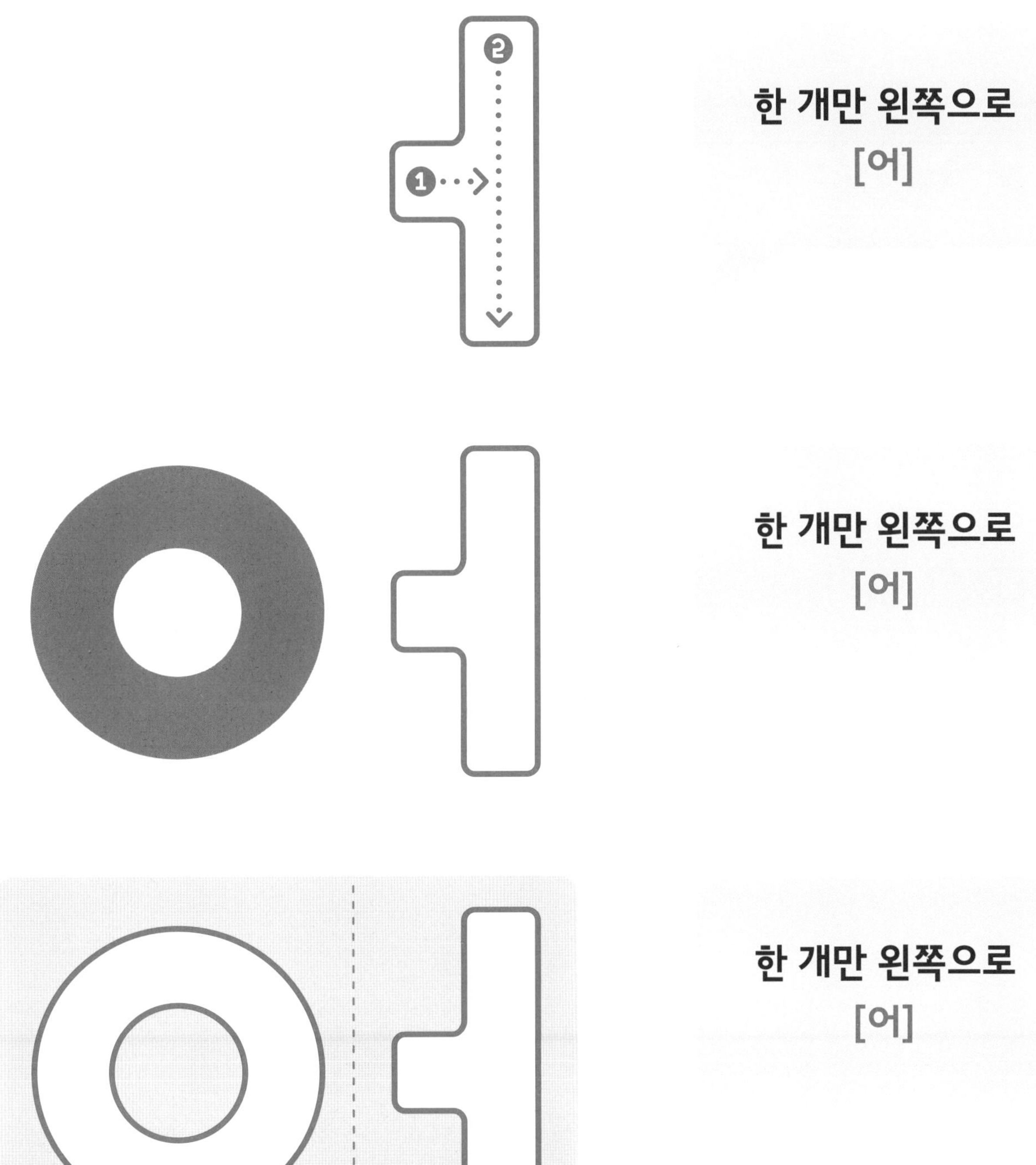

4. 이름을 완성해요

❶ 그림의 이름을 말하면서 큰 글자를 잘 보고, ㅓ 자를 쓰세요. 큰 글자를 손가락으로 짚으면서 읽어 보세요.

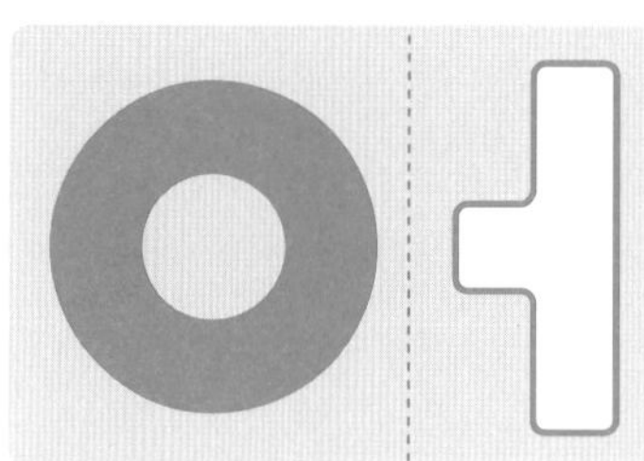

부

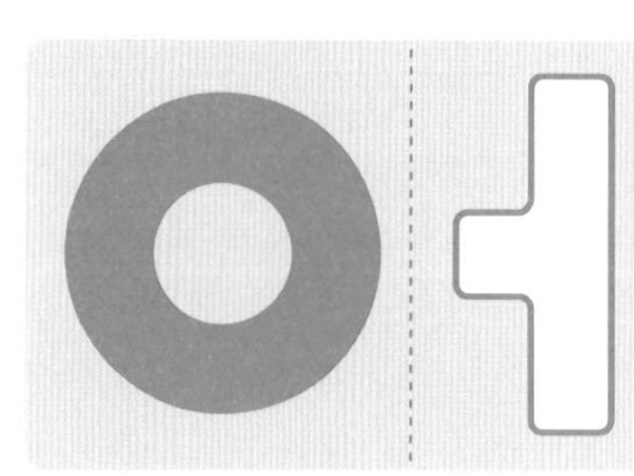

부바

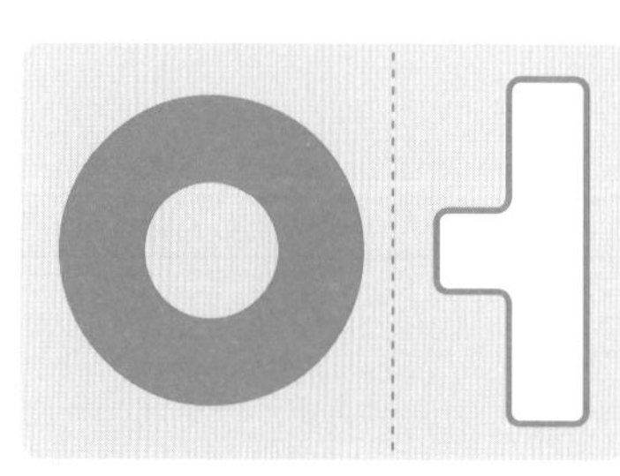

린이날

❷ 그림의 이름을 말하면서 큰 글자를 잘 보고, 어 자를 쓰세요.

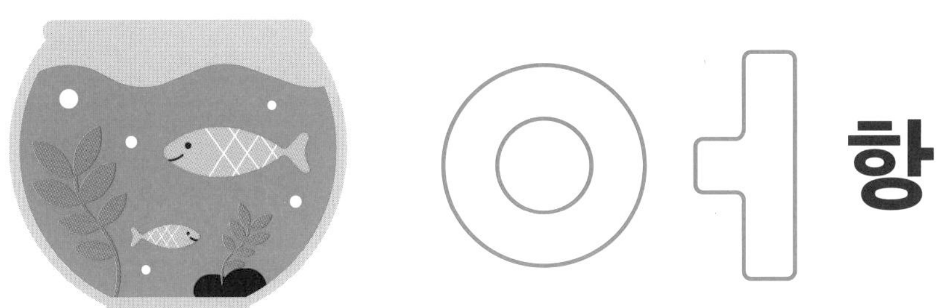

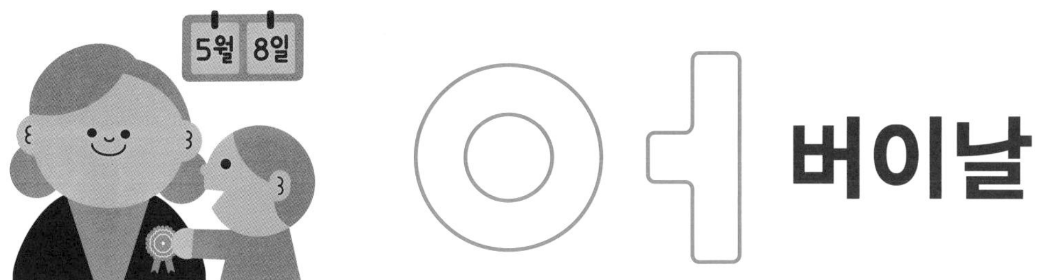

1. [여]라고 읽어요

❶ [여]라고
소리 내어 보세요.

❷ [여]라고 읽으면서 ㅕ 자를
써 보세요.

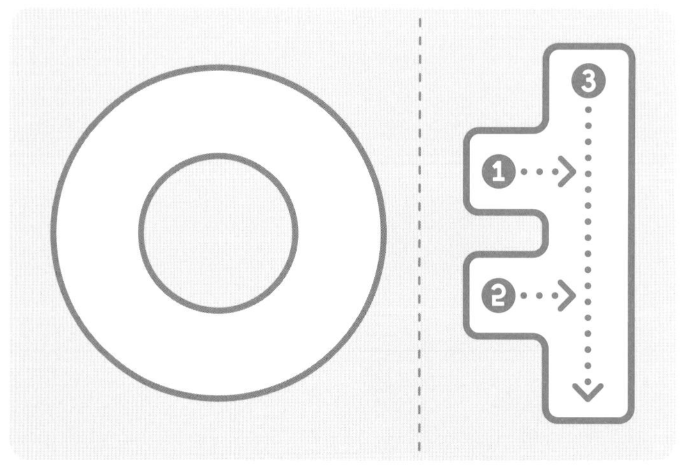

❸ 손가락 두 개를 왼쪽으로 펴면서 말해 보세요.

두 개를 왼쪽으로

[여]

❹ 두 팔을 왼쪽으로 펴면서 말해 보세요.

두 개를 왼쪽으로

[여]

2. 여 자를 찾아요

❶ 손가락으로 그림을 짚으면서 이름을 말해 보세요.

여우

여자

여보

여보세요

맨 앞에서 같은 소리가 나요. 무엇이었나요?

네, 맞아요. [여]였어요.

❷ 여 자로 시작하는 것을 더 찾아보세요.

여름

여왕

여드름

여행

이런 말도 여 자로 시작해요.
여동생, 여러분, 여름 방학, 여치 등도 있어요.
여에 받침이 들어간 연필, 열매, 엿, 영어 등은 나중에 배워도 돼요.

3. 여 자를 써요

❶ "두 개를 왼쪽으로 [여]"라고 말하면서 글자를 만들어 보세요.

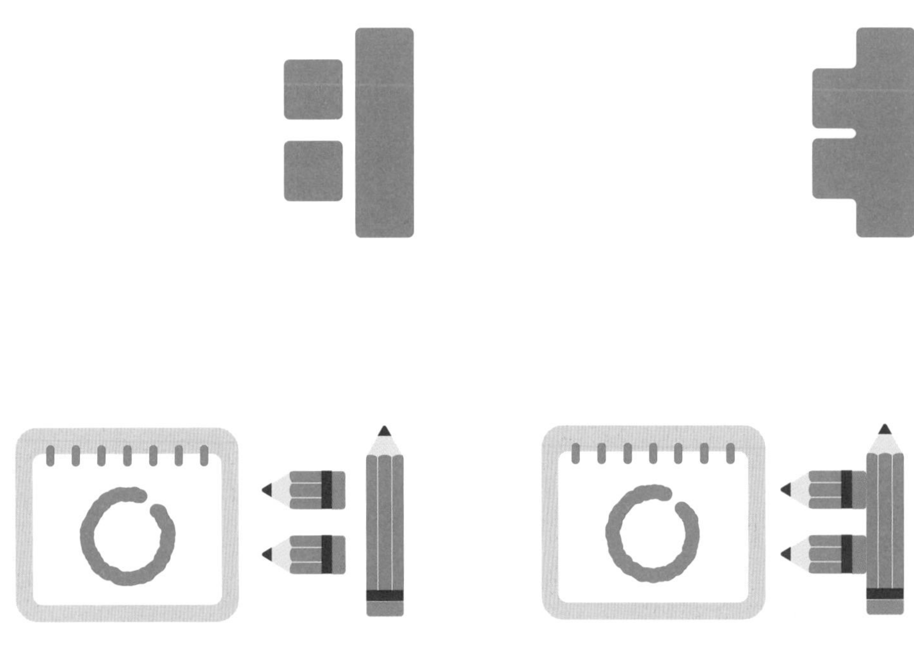

❷ 다른 물건으로 ㅕ 자를 만들어 보세요.

❸ 글자를 하나씩 쓰면서 말해 보세요.

두 개를 왼쪽으로

[여]

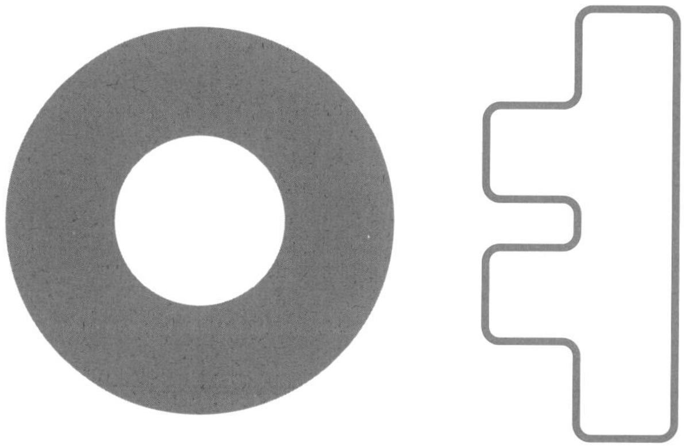

두 개를 왼쪽으로

[여]

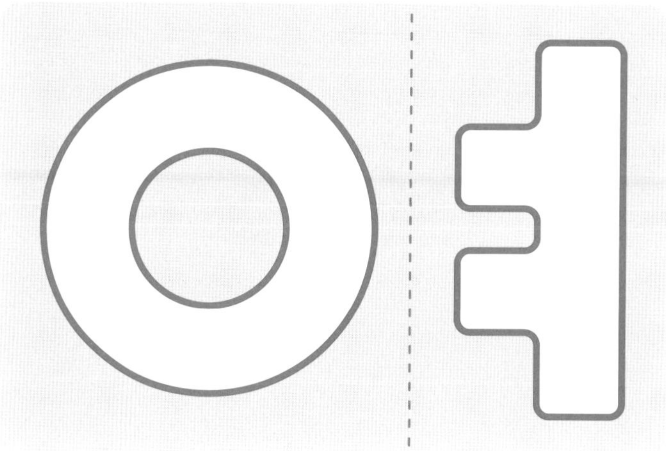

두 개를 왼쪽으로

[여]

4. 이름을 완성해요

❶ 그림의 이름을 말하면서 큰 글자를 잘 보고, ㅕ 자를 쓰세요. 큰 글자를 손가락으로 짚으면서 읽어 보세요.

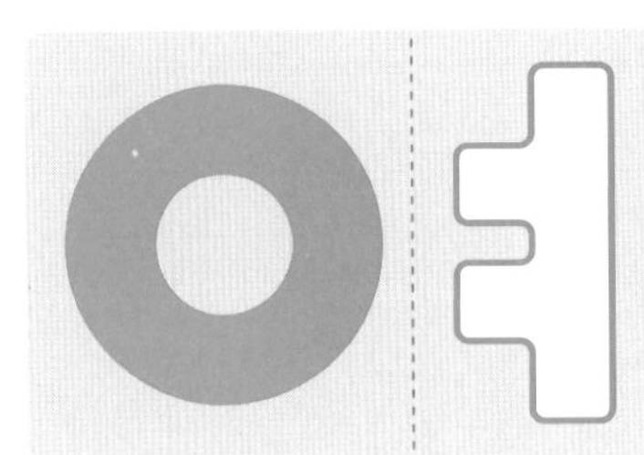

우

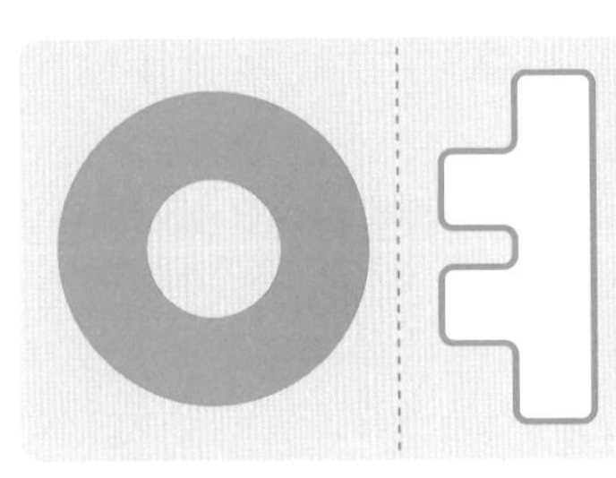

자

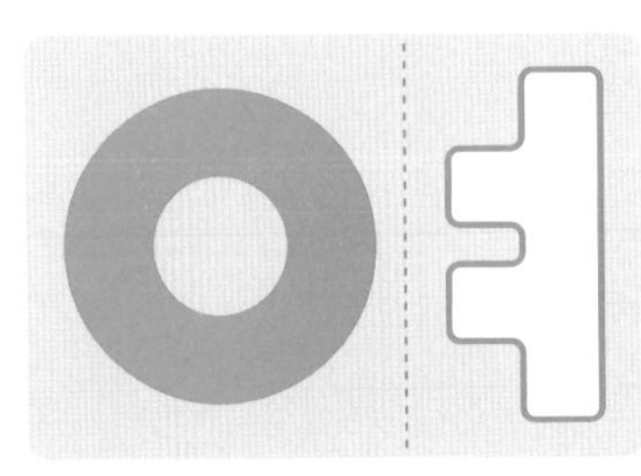

보세요

❷ 그림의 이름을 말하면서 큰 글자를 잘 보고, 여 자를 쓰세요.

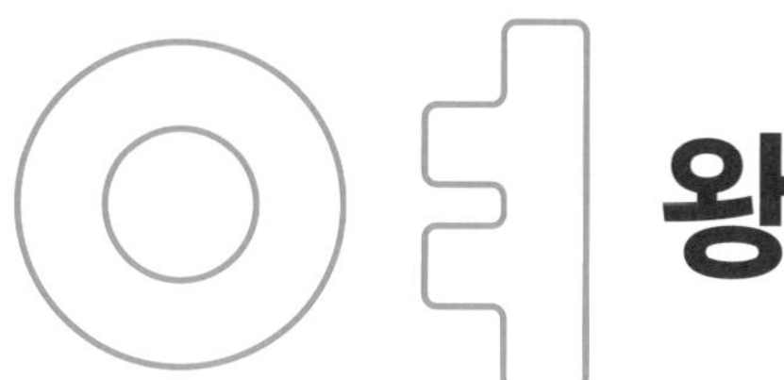

왕

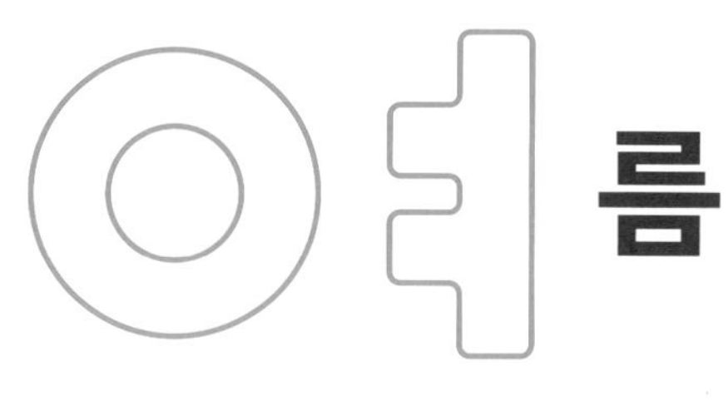

름

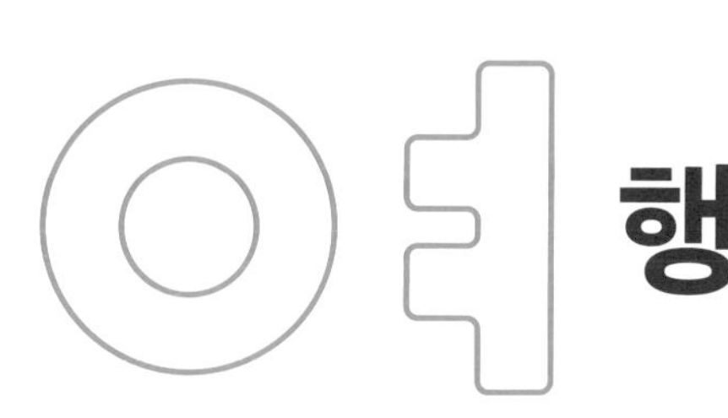

행

ㅓ와 ㅕ를 비교해요

1. 모양을 비교해요

❶ 손가락을 왼쪽으로 펴면서 말해 보세요.

한 개만 왼쪽으로
[어]

두 개를 왼쪽으로
[여]

❷ 팔을 왼쪽으로 펴면서 말해 보세요.

한 개만 왼쪽으로
[어]

두 개를 왼쪽으로
[여]

❸ 글자를 하나씩 쓰면서 말해 보세요.

한 개만 왼쪽으로
[어]

두 개를 왼쪽으로
[여]

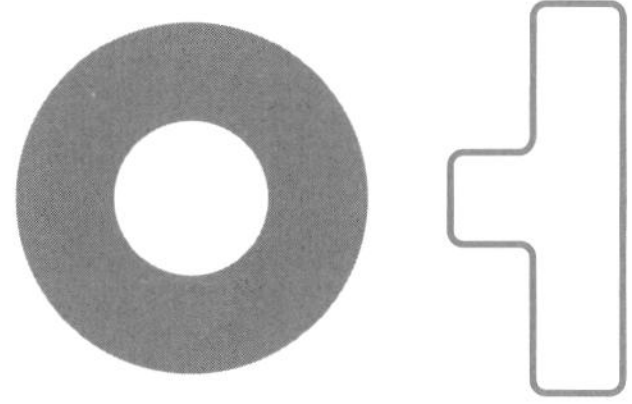

한 개만 왼쪽으로
[어]

두 개를 왼쪽으로
[여]

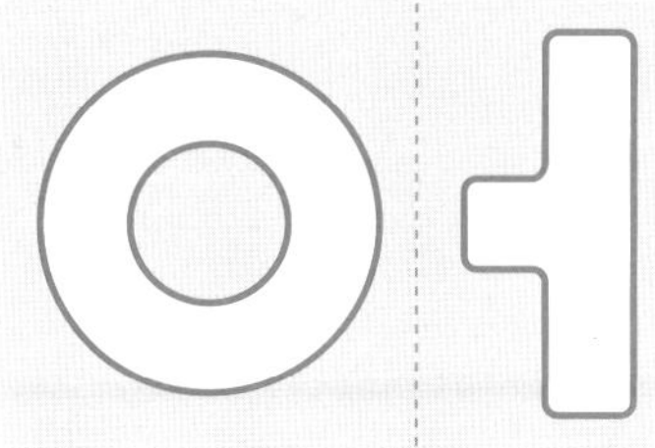

한 개만 왼쪽으로
[어]

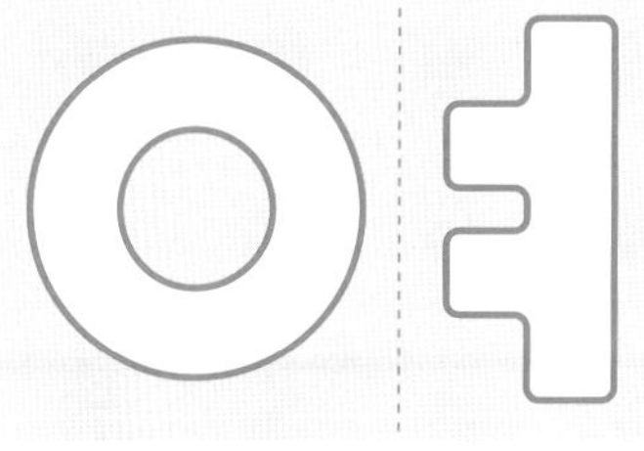

두 개를 왼쪽으로
[여]

2. 첫 글자를 써요

❶ [어]라고 소리 내면서 ㅓ 자를 쓰세요.

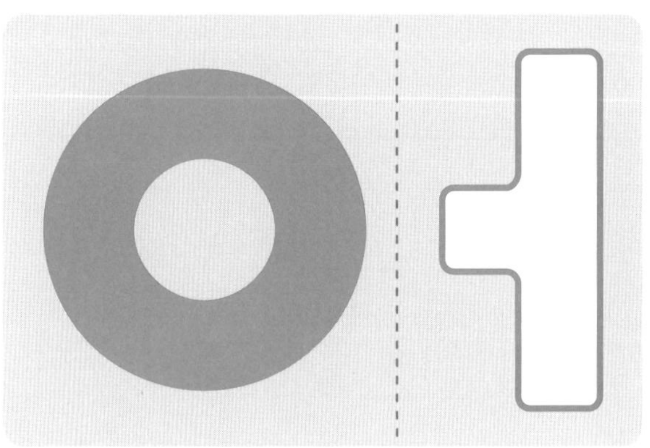

❷ [어]를 크게 소리 내면서 그림의 이름을 말해 보고, 어 자를 쓰세요.

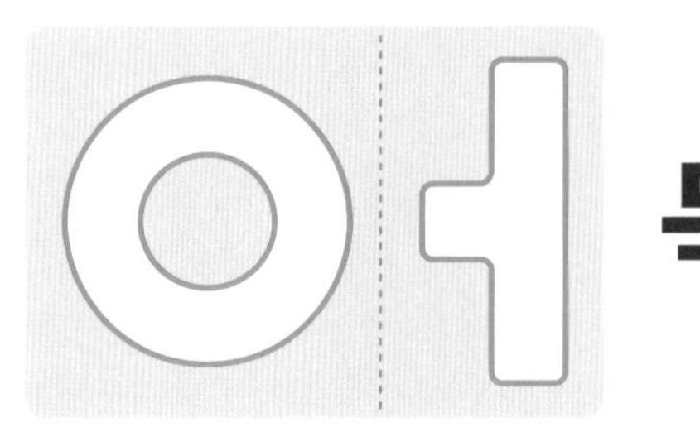

묵

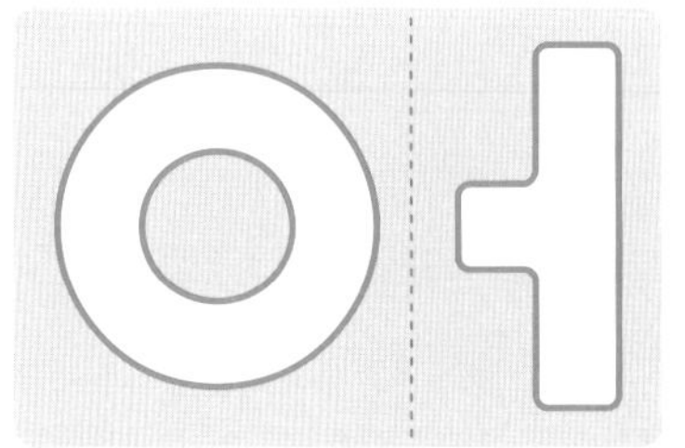

흥

❸ [여]라고 소리 내면서 ㅕ 자를 쓰세요.

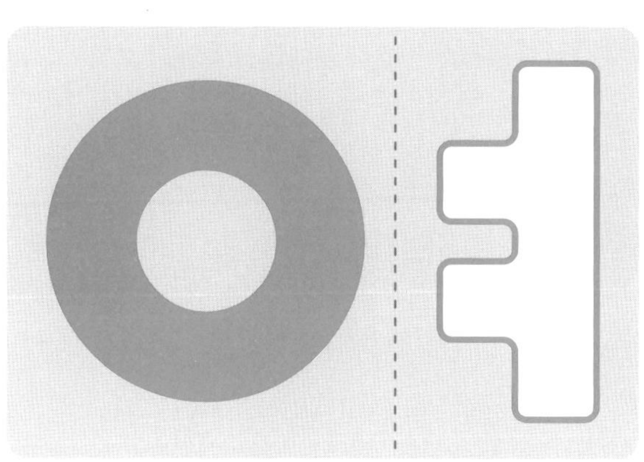

❹ [여]를 크게 소리 내면서 그림의 이름을 말해 보고, 여 자를 쓰세요.

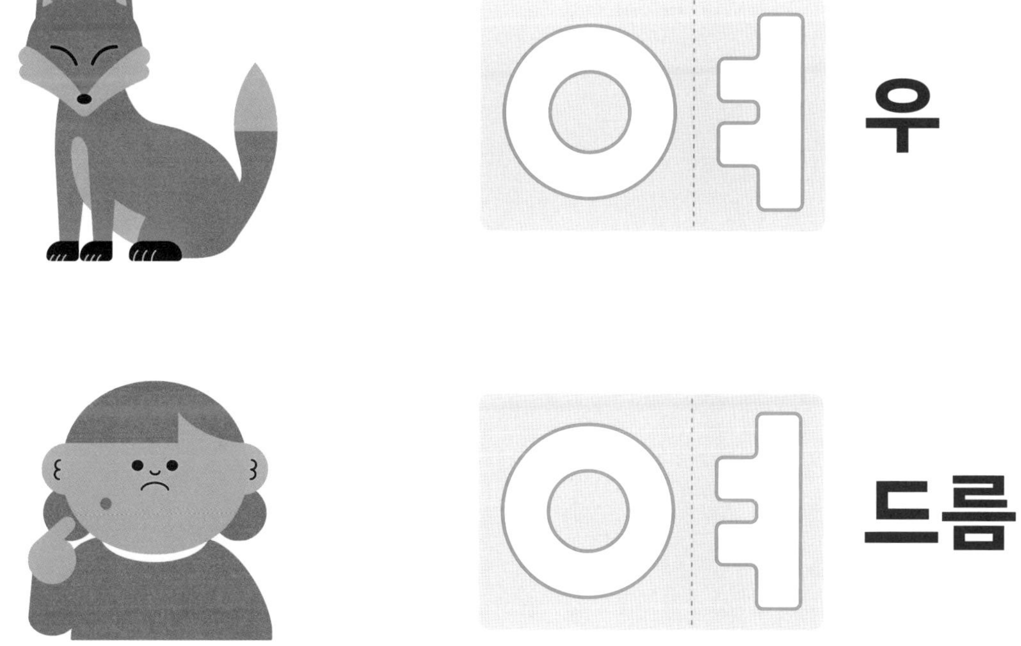

ㅗ를 배워요

1. [오]라고 읽어요

❶ [오]라고 소리 내어 보세요.

❷ [오]라고 읽으면서 ㅗ 자를 써 보세요.

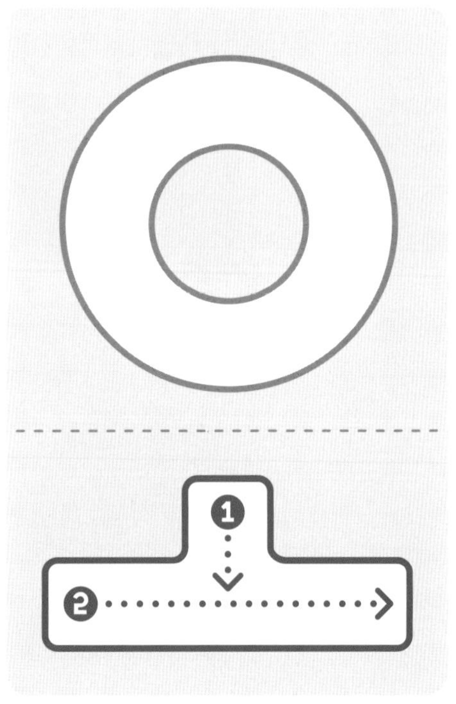

❸ 손가락 한 개를 위로 펴면서 말해 보세요.

한 개만 위로

[오]

❹ 오른팔을 위로 들어 올리면서 말해 보세요.

한 개만 위로

[오]

2. 오 자를 찾아요

❶ 손가락으로 그림을 짚으면서 이름을 말해 보세요.

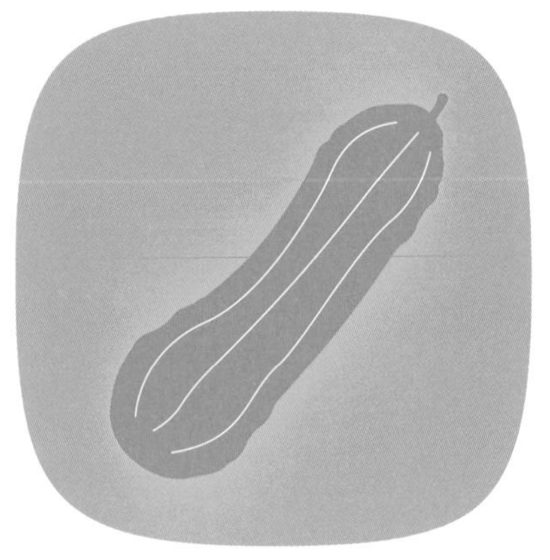

오이

오리

오아시스

오토바이

맨 앞에서 같은 소리가 나요. 무엇이었나요?

네, 맞아요. [오]였어요.

❷ 오 자로 시작하는 것을 더 찾아보세요.

오징어

오줌

오리발

오뚝이

이런 말도 오 자로 시작해요.
오누이, 오늘, 오빠, 오소리 등도 있어요.
오에 받침이 들어간 옥수수, 올빼미, 올챙이, 옷 등은 나중에 배워도 돼요.

3. 오 자를 써요

❶ "한 개만 위로 [오]"라고 말하면서 글자를 만들어 보세요.

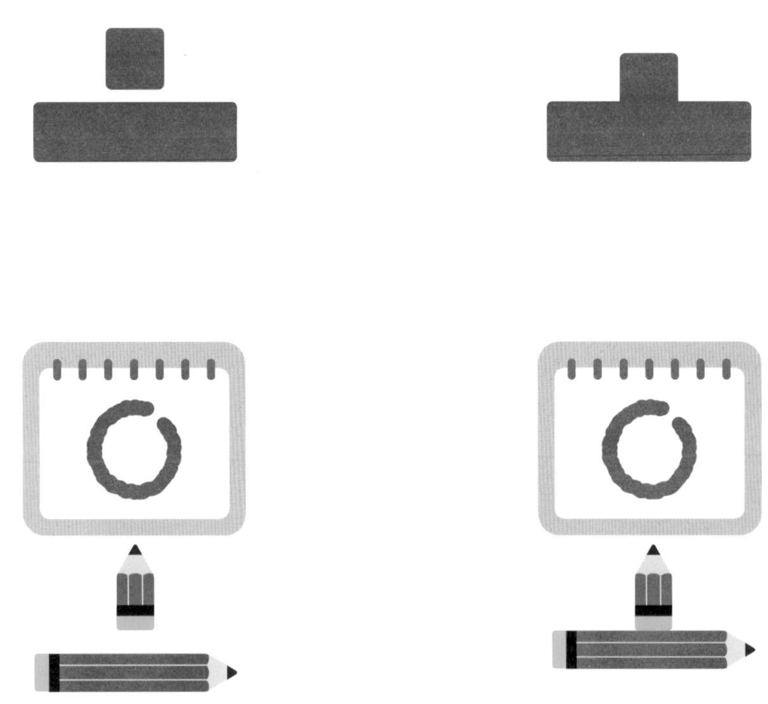

❷ 다른 물건으로 ㅗ 자를 만들어 보세요.

❸ 글자를 하나씩 쓰면서 말해 보세요.

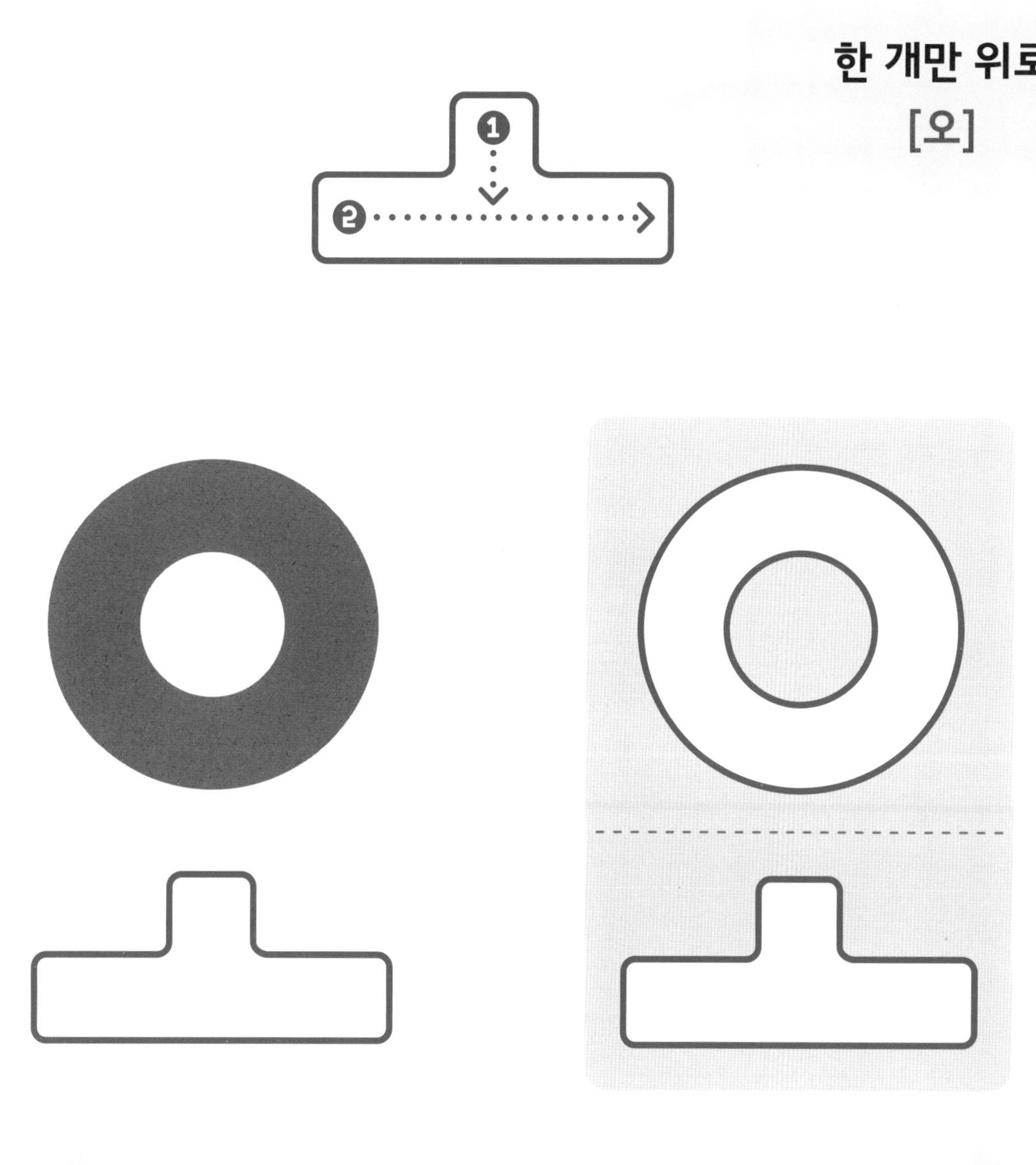

한 개만 위로
[오]

한 개만 위로
[오]

한 개만 위로
[오]

4. 이름을 완성해요

❶ 그림의 이름을 말하면서 큰 글자를 잘 보고, ㅗ 자를 쓰세요. 큰 글자를 손가락으로 짚으면서 읽어 보세요.

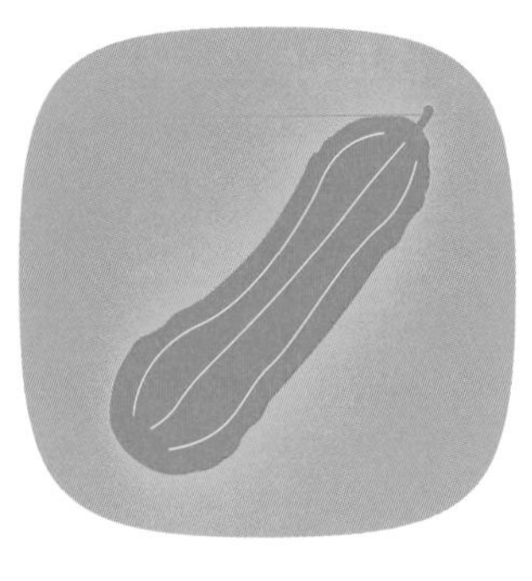

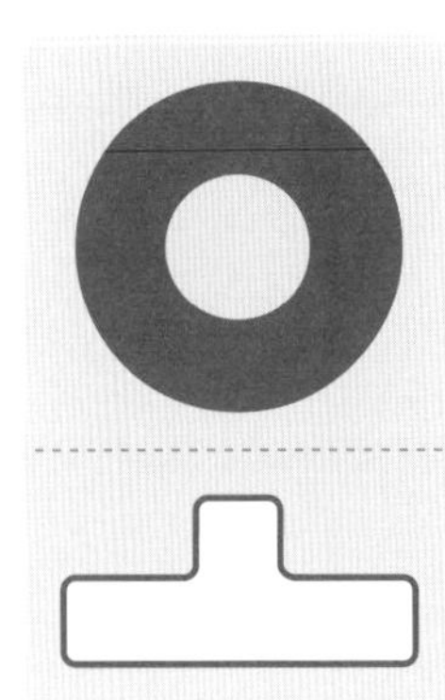

이

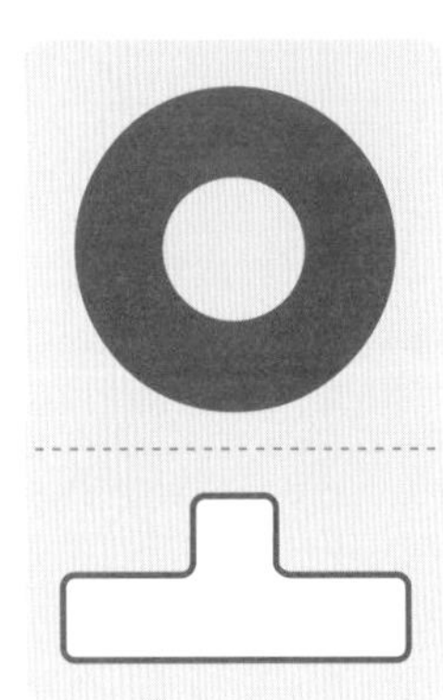

리

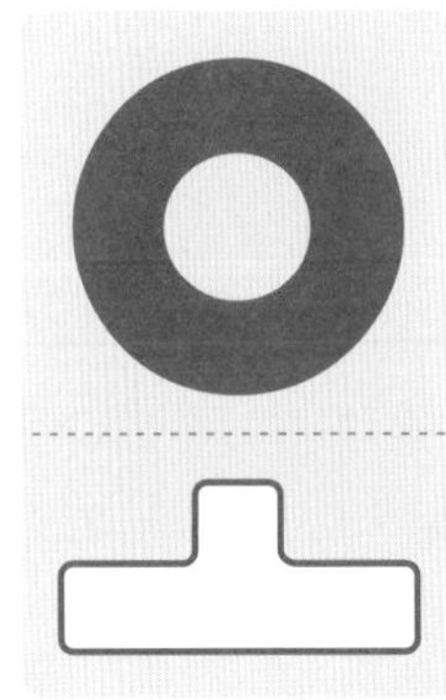

아시스

❷ 그림의 이름을 말하면서 큰 글자를 잘 보고, 오 자를 쓰세요.

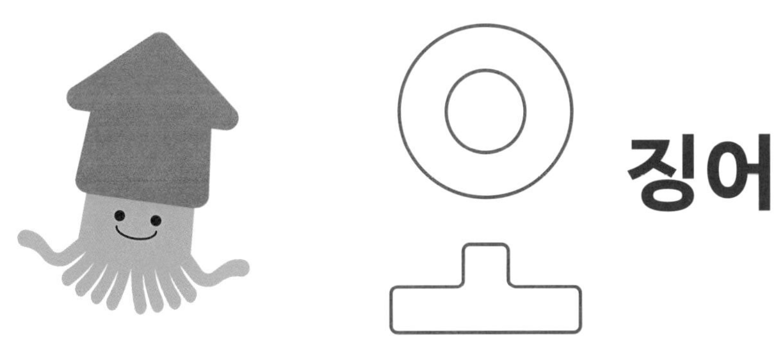

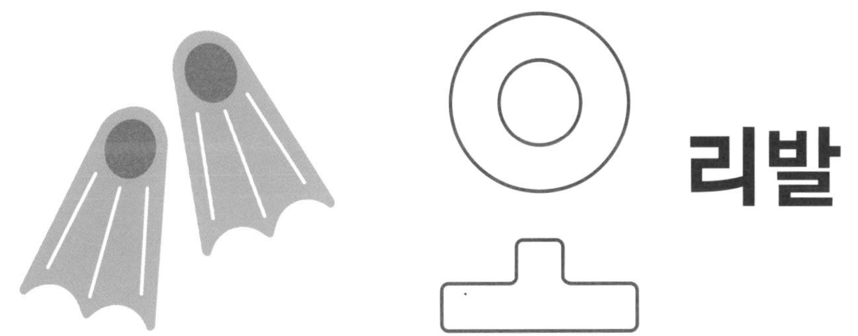

1. [요]라고 읽어요

❶ [요]라고 소리 내어 보세요.

❷ [요]라고 읽으면서 ㅛ 자를 써 보세요.

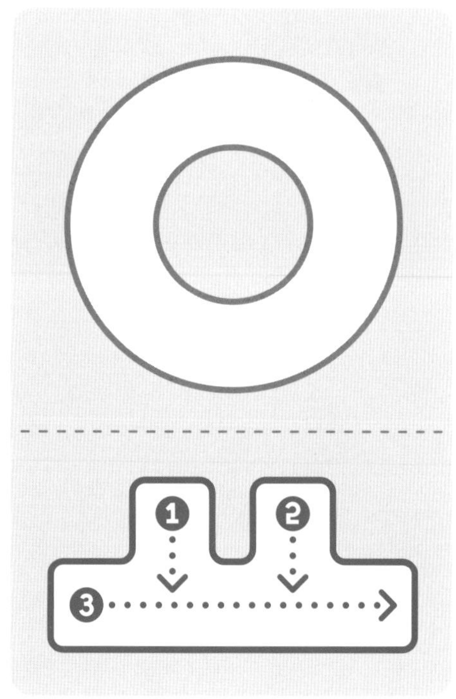

❸ 손가락 두 개를 위로 펴면서 말해 보세요.

두 개를 위로

[요]

❹ 두 팔을 위로 들어 올리면서 말해 보세요.

두 개를 위로

[요]

2. 요 자를 찾아요

❶ 손가락으로 그림을 짚으면서 이름을 말해 보세요.

요

요리사

요트

요구르트

맨 앞에서 같은 소리가 나요. 무엇이었나요?

네, 맞아요. [요]였어요.

❷ 요 자로 시작하는 것을 더 찾아보세요.

요요

요가

요술

이런 말도 요 자로 시작해요.
요기, 요리, 요술쟁이, 요일 등도 있어요.
요에 받침이 들어간 욕심쟁이, 욕실, 용 등은 나중에 배워도 돼요.

3. 요 자를 써요

❶ "두 개를 위로 [요]"라고 말하면서 글자를 만들어 보세요.

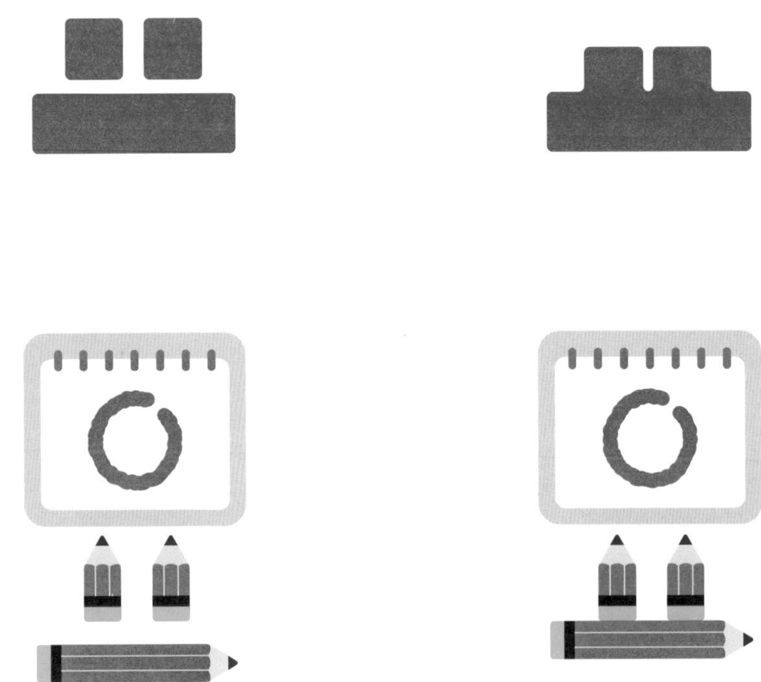

❷ 다른 물건으로 ㅛ 자를 만들어 보세요.

❸ 글자를 하나씩 쓰면서 말해 보세요.

두 개를 위로
[요]

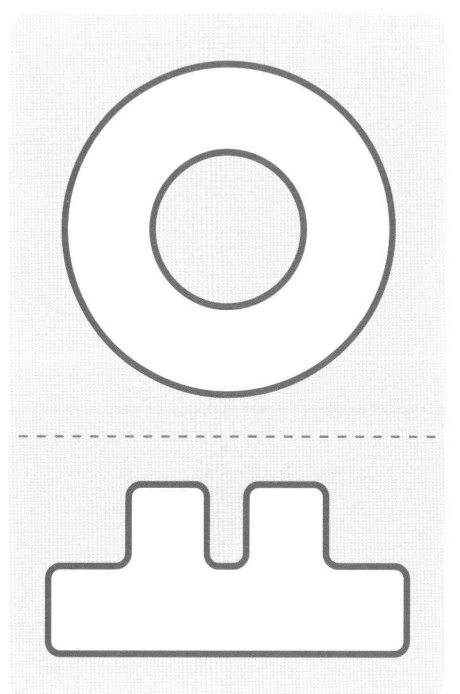

두 개를 위로
[요]

두 개를 위로
[요]

4. 이름을 완성해요

❶ 그림의 이름을 말하면서 큰 글자를 잘 보고, ㅛ 자를 쓰세요. 큰 글자를 손가락으로 짚으면서 읽어 보세요.

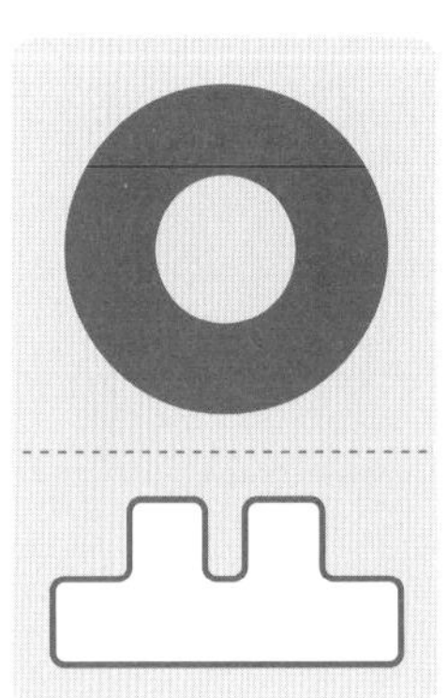

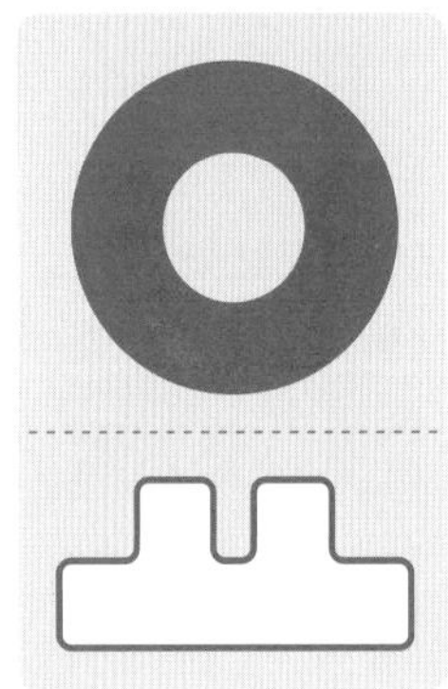

리사

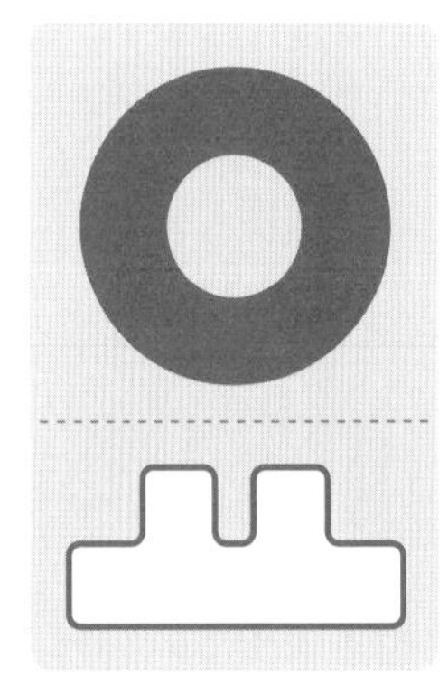

구르트

❷ 그림의 이름을 말하면서 큰 글자를 잘 보고, 요 자를 쓰세요.

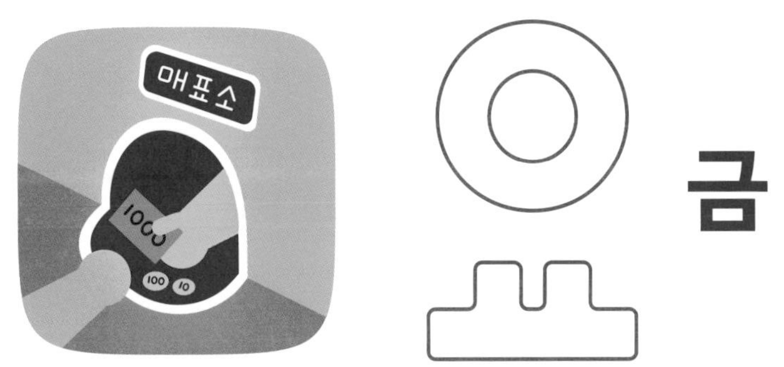

ㅗ와 ㅛ를 비교해요

1. 모양을 비교해요

❶ 손가락을 위로 펴면서 말해 보세요.

한 개만 위로
[오]

두 개를 위로
[요]

---

❷ 팔을 위로 들어 올리면서 말해 보세요.

한 개만 위로
[오]

두 개를 위로
[요]

❸ 글자를 하나씩 쓰면서 말해 보세요.

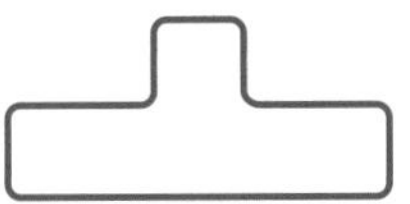

한 개만 위로
[오]

한 개만 위로
[오]

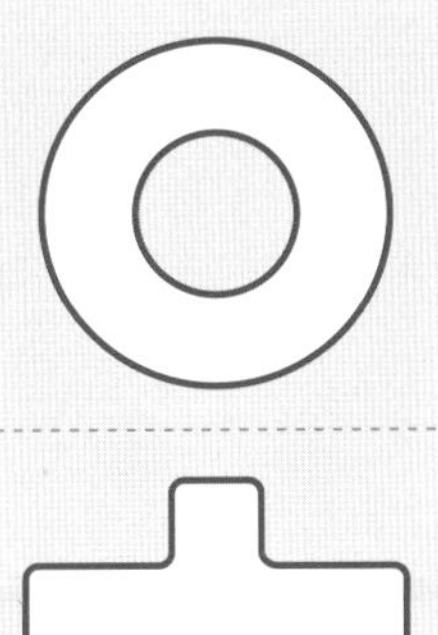

한 개만 위로
[오]

두 개를 위로
[요]

두 개를 위로
[요]

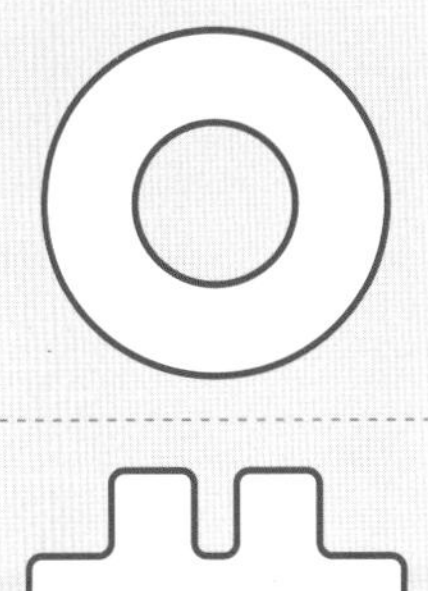

두 개를 위로
[요]

2. 첫 글자를 써요

❶ [오]라고 소리 내면서
ㅗ 자를 쓰세요.

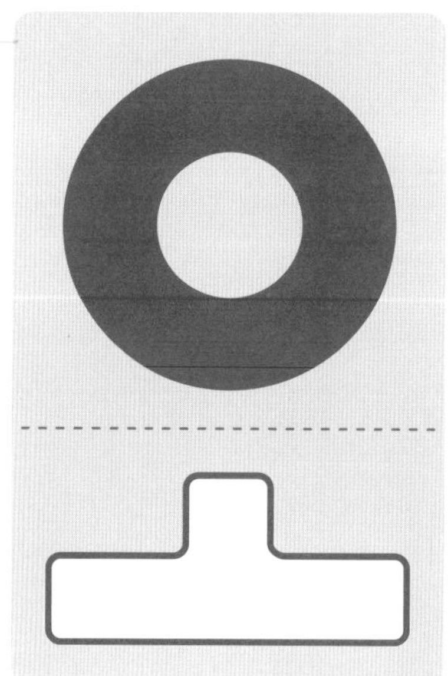

❷ [오]를 크게 소리 내면서 그림의 이름을 말해 보고, 오 자를 쓰세요.

❸ [요]라고 소리 내면서
ㅛ 자를 쓰세요.

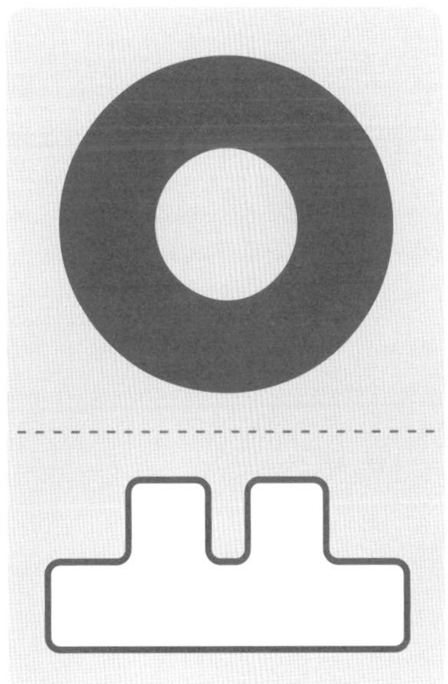

❹ [요]를 크게 소리 내면서 그림의 이름을 말해 보고, 요 자를 쓰세요.

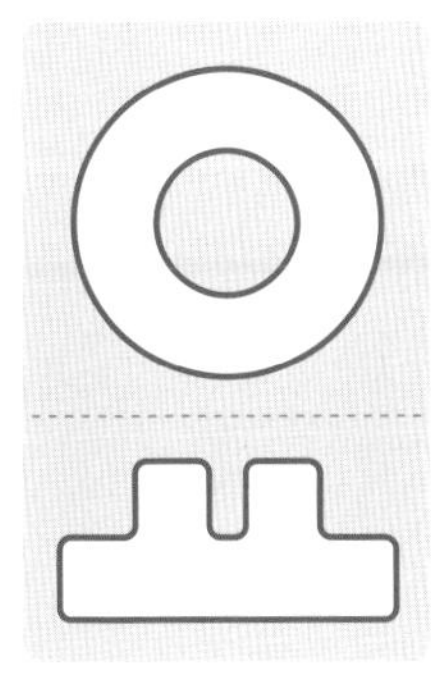

리사

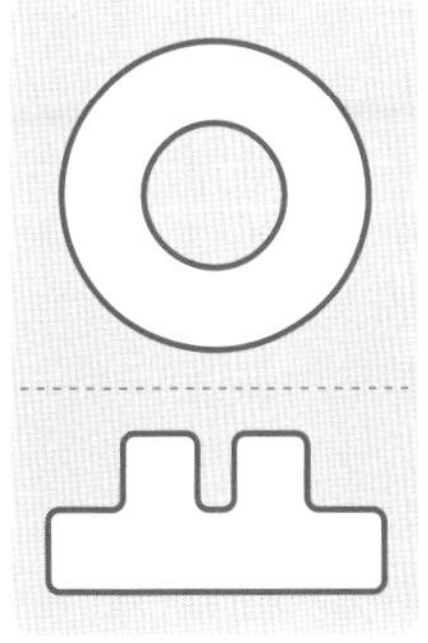

트

ㅜ를 배워요

1. [우]라고 읽어요

❶ [우]라고 소리 내어 보세요.

❷ [우]라고 읽으면서 ㅜ 자를 써 보세요.

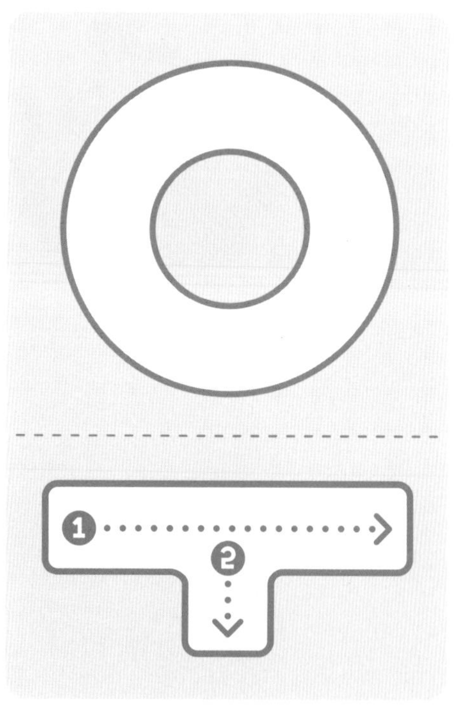

❸ 손가락 한 개를 아래로 펴면서 말해 보세요.

한 개만 아래로
[우]

❹ 오른팔을 아래로 펴면서 말해 보세요.

한 개만 아래로
[우]

2. 우 자를 찾아요

❶ 손가락으로 그림을 짚으면서 이름을 말해 보세요.

우유

우리

우비

우주

맨 앞에서 같은 소리가 나요. 무엇이었나요?

네, 맞아요. [우]였어요.

❷ 우 자로 시작하는 것을 더 찾아보세요.

우산

우물

우박

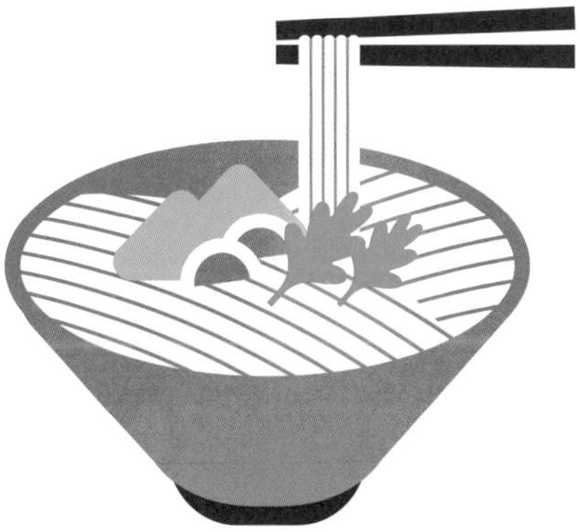

우동

이런 말도 우 자로 시작해요.
우리나라, 우유병, 우체국 등도 있어요.
우에 받침이 들어간 운동장, 운전, 울음, 울타리 등은 나중에 배워도 돼요.

3. 우 자를 써요

❶ "한 개만 아래로 [우]"라고 말하면서 글자를 만들어 보세요.

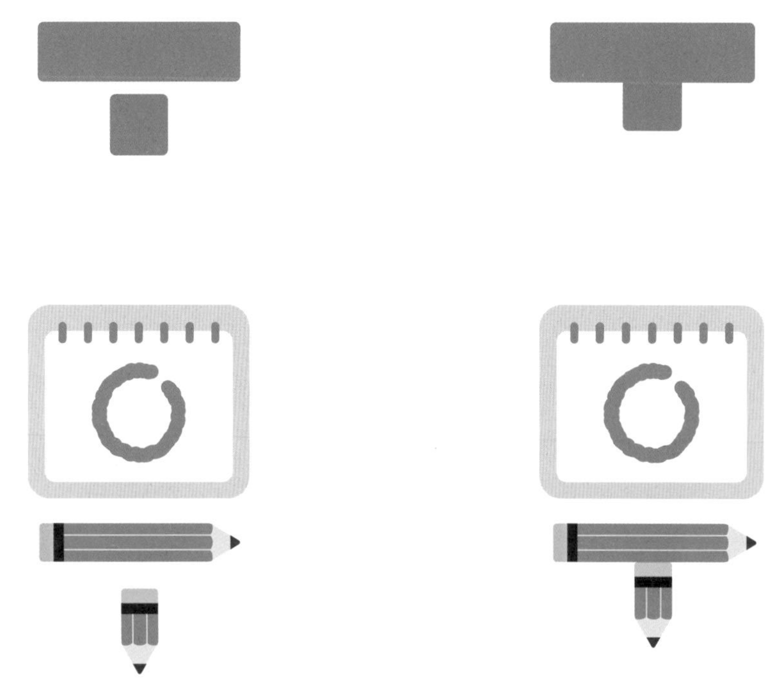

❷ 다른 물건으로 ㅜ 자를 만들어 보세요.

❸ 글자를 하나씩 쓰면서 말해 보세요.

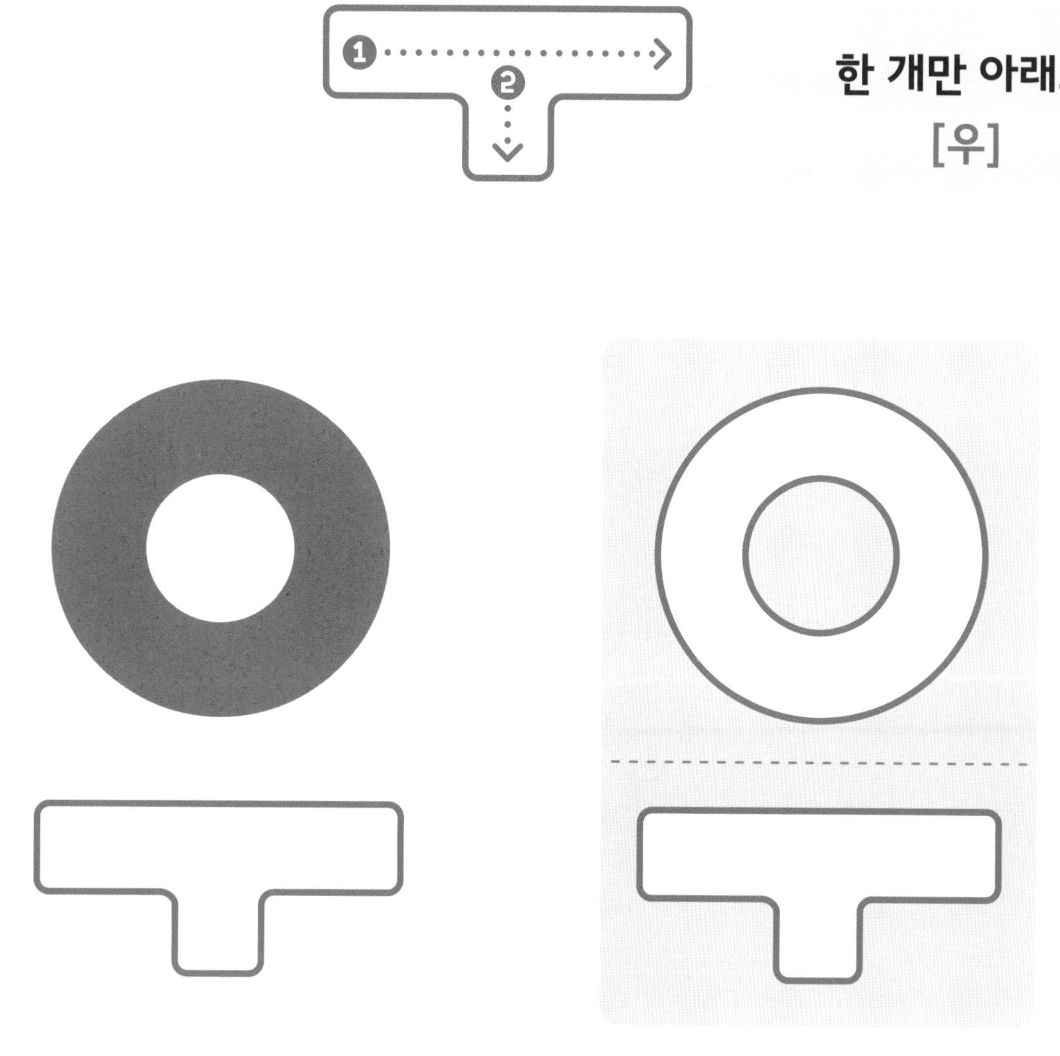

한 개만 아래로
[우]

한 개만 아래로
[우]

한 개만 아래로
[우]

4. 이름을 완성해요

❶ 그림의 이름을 말하면서 큰 글자를 잘 보고, ㅜ 자를 쓰세요. 큰 글자를 손가락으로 짚으면서 읽어 보세요.

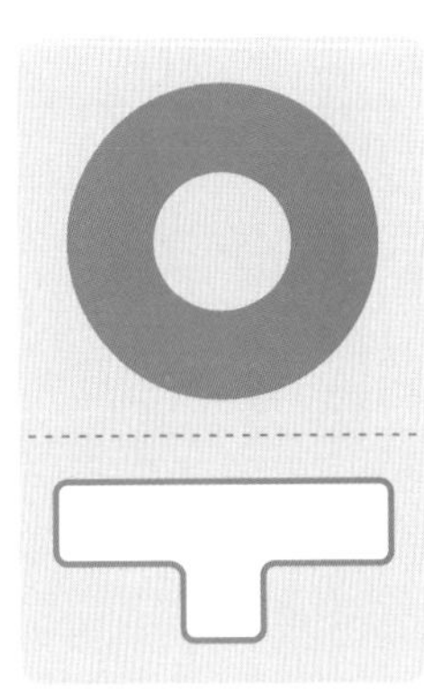

유

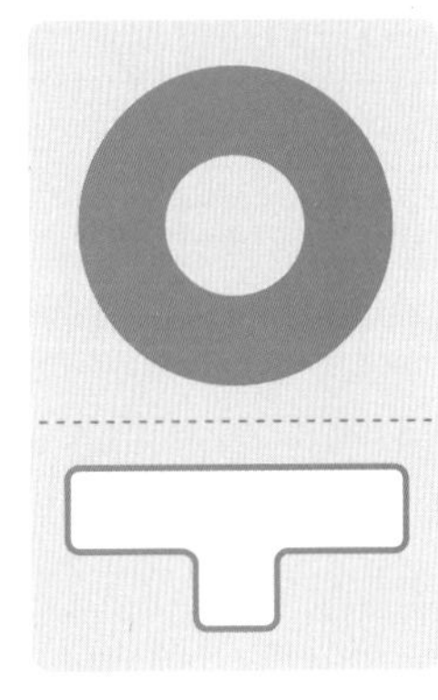

리

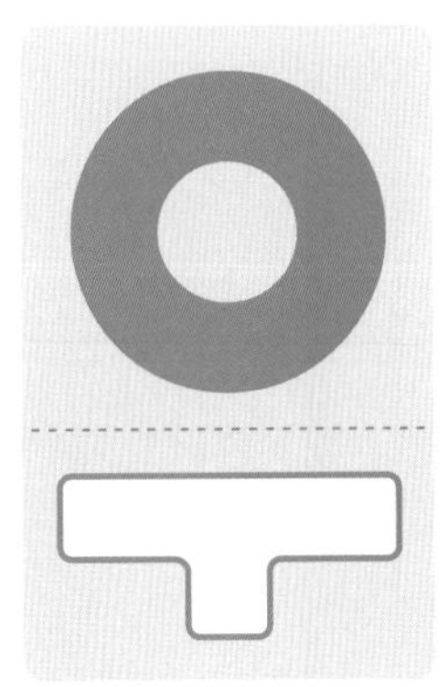

비

❷ 그림의 이름을 말하면서 큰 글자를 잘 보고, 우 자를 쓰세요.

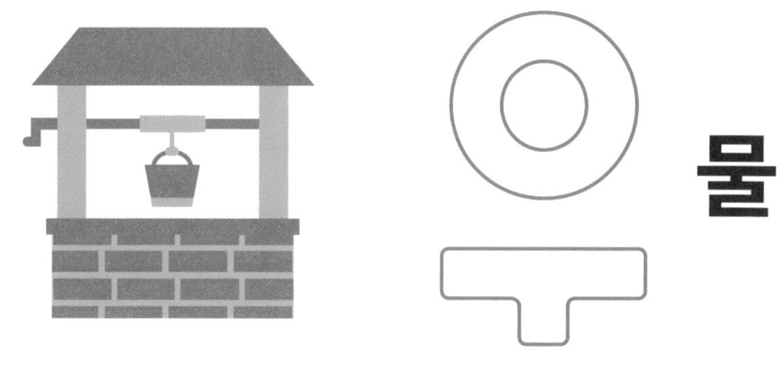

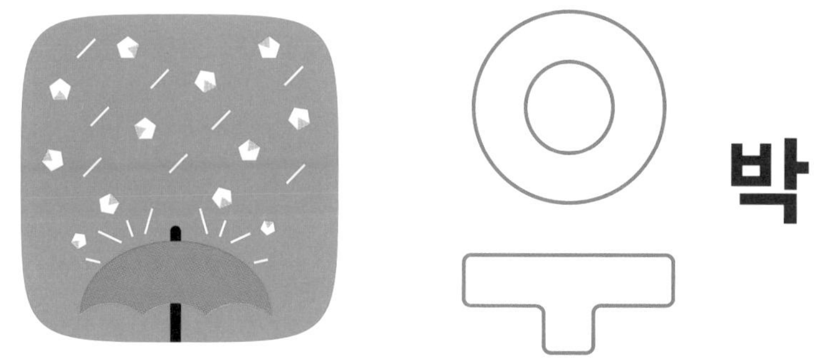

ㅠ를 배워요

1. [유]라고 읽어요

❶ [유]라고 소리 내어 보세요.

❷ [유]라고 읽으면서 ㅠ 자를 써 보세요.

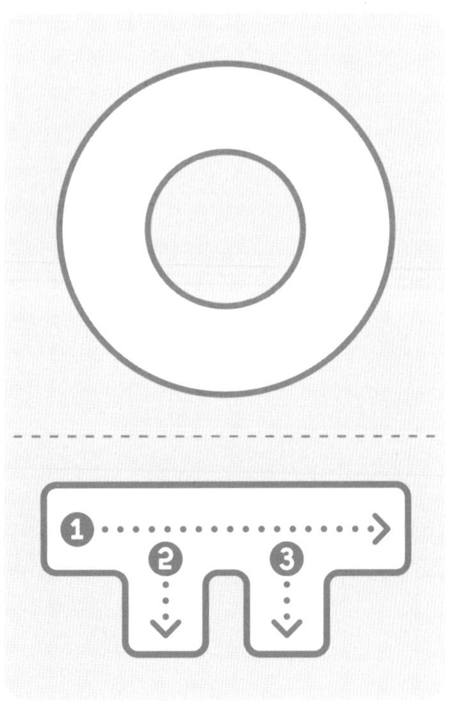

❸ 손가락 두 개를 아래로 펴면서 말해 보세요.

두 개를 아래로
[유]

❹ 두 팔을 아래로 펴면서 말해 보세요.

두 개를 아래로
[유]

2. 유 자를 찾아요

❶ 손가락으로 그림을 짚으면서 이름을 말해 보세요.

유리

유도

유아차

유자차

맨 앞에서 같은 소리가 나요. 무엇이었나요?

네, 맞아요. [유]였어요.

② 유 자로 시작하는 것을 더 찾아보세요.

유월

유령

유물

유치원

이런 말도 유 자로 시작해요.
유람선, 유리창, 유자 등도 있어요.
유에 받침이 들어간 육교, 육지, 율동 등은 나중에 배워도 돼요.

3. 유 자를 써요

❶ "두 개를 아래로 [유]"라고 말하면서 글자를 만들어 보세요.

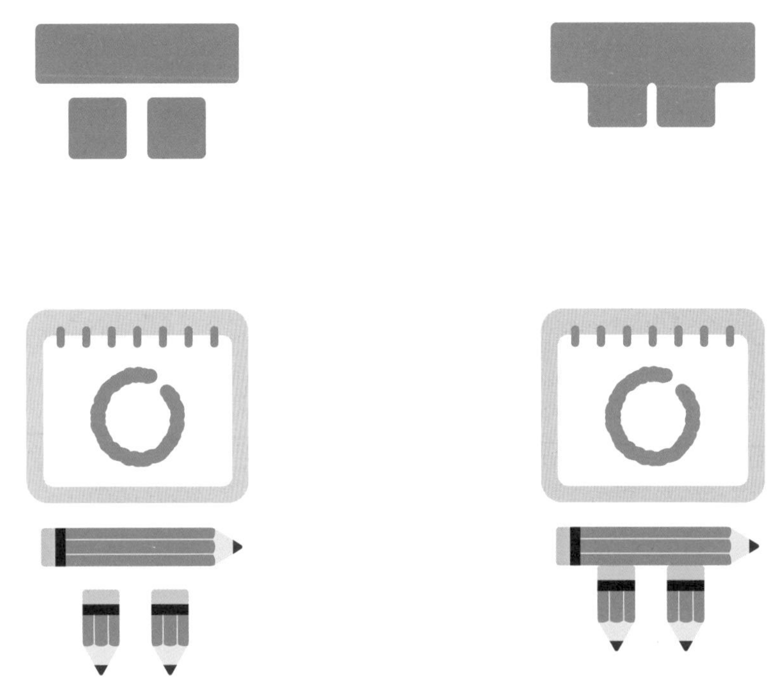

❷ 다른 물건으로 ㅠ 자를 만들어 보세요.

❸ 글자를 하나씩 쓰면서 말해 보세요.

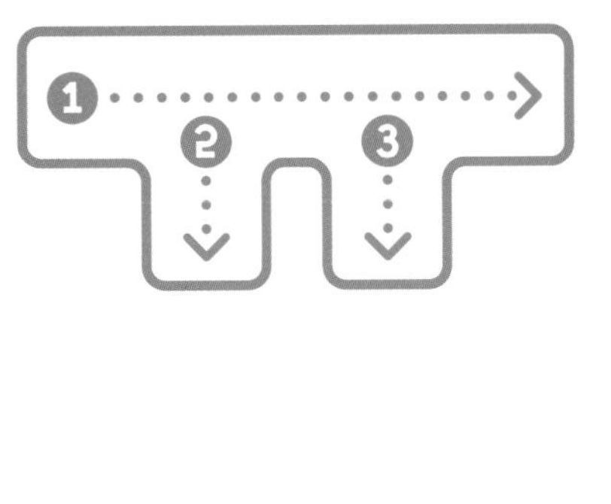

두 개를 아래로

[유]

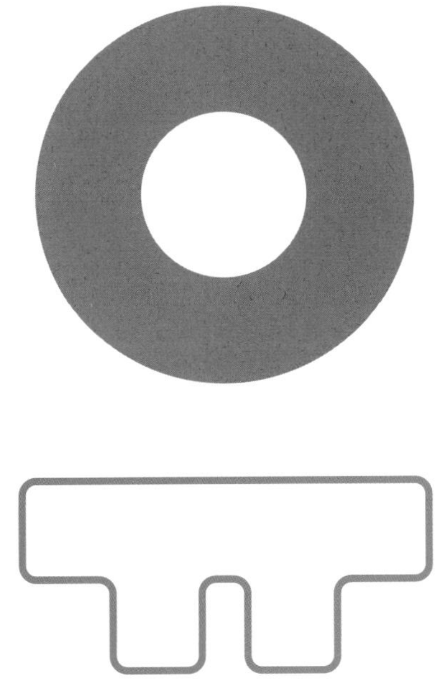

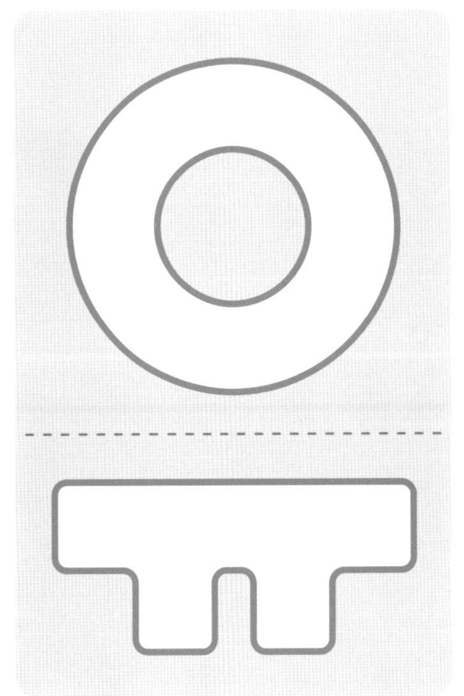

두 개를 아래로

[유]

두 개를 아래로

[유]

4. 이름을 완성해요

❶ 그림의 이름을 말하면서 큰 글자를 잘 보고, ㅠ 자를 쓰세요. 큰 글자를 손가락으로 짚으면서 읽어 보세요.

리

도

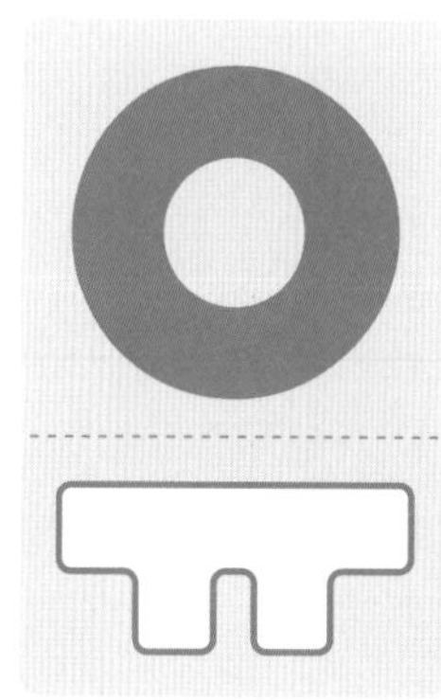

아차

❷ 그림의 이름을 말하면서 큰 글자를 잘 보고, 유 자를 쓰세요.

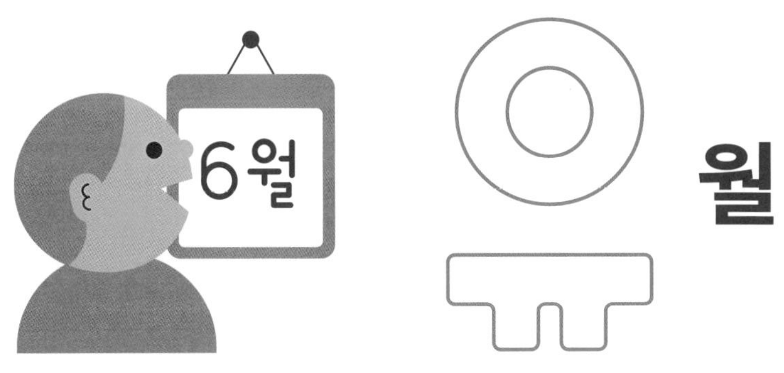

ㅜ와 ㅠ를 비교해요 | 1. 모양을 비교해요

❶ 손가락을 아래로 펴면서 말해 보세요.

한 개만 아래로
[우]

두 개를 아래로
[유]

❷ 팔을 아래로 펴면서 말해 보세요.

한 개만 아래로
[우]

두 개를 아래로
[유]

❸ 글자를 하나씩 쓰면서 말해 보세요.

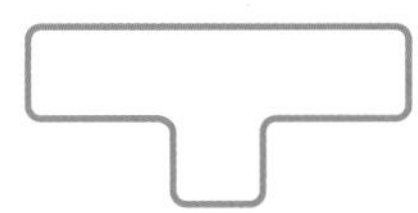

한 개만 아래로
[우]

한 개만 아래로
[우]

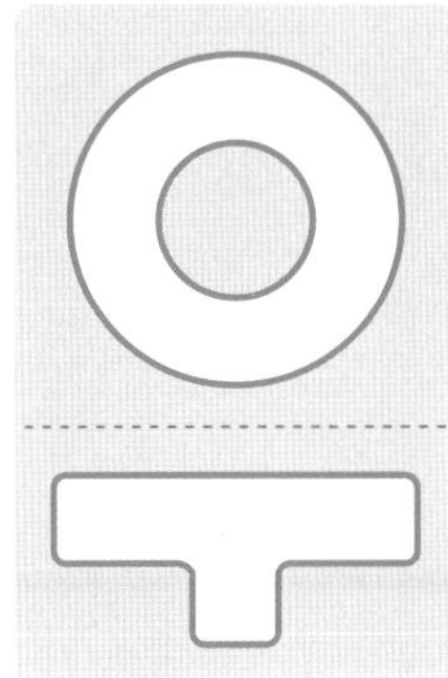

한 개만 아래로
[우]

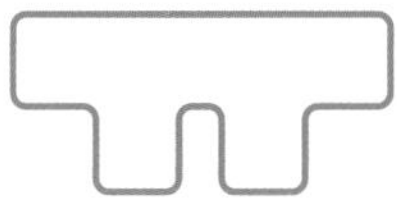

두 개를 아래로
[유]

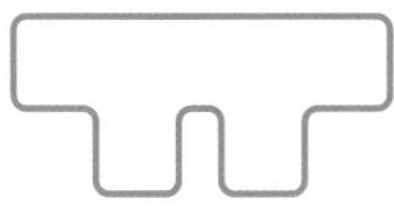

두 개를 아래로
[유]

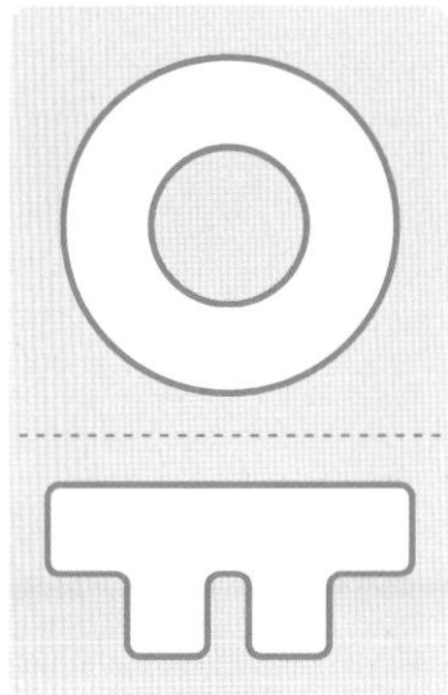

두 개를 아래로
[유]

2. 첫 글자를 써요

❶ [우]라고 소리 내면서
ㅜ 자를 쓰세요.

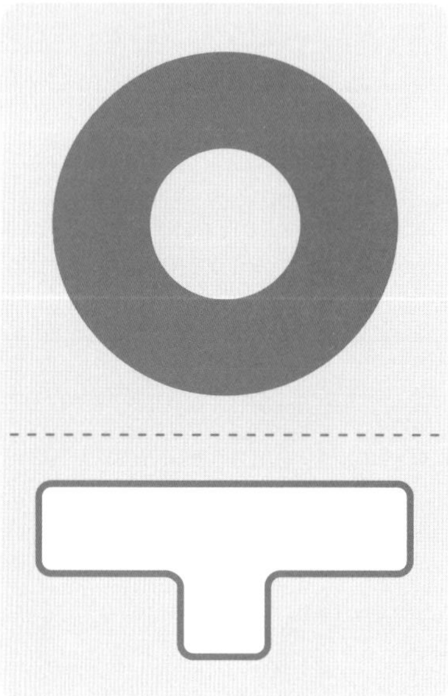

❷ [우]를 크게 소리 내면서 그림의 이름을 말해 보고, 우 자를 쓰세요.

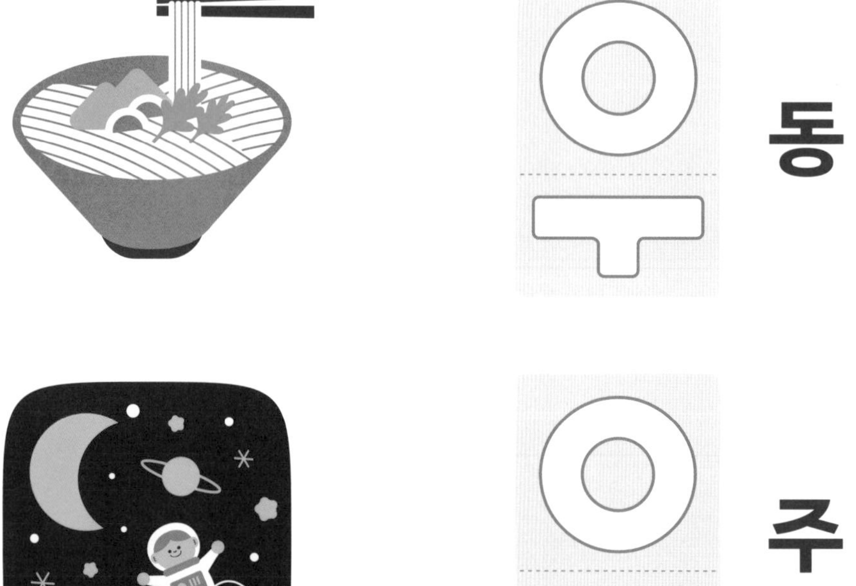

동

주

❸ [유]라고 소리 내면서
ㅠ 자를 쓰세요.

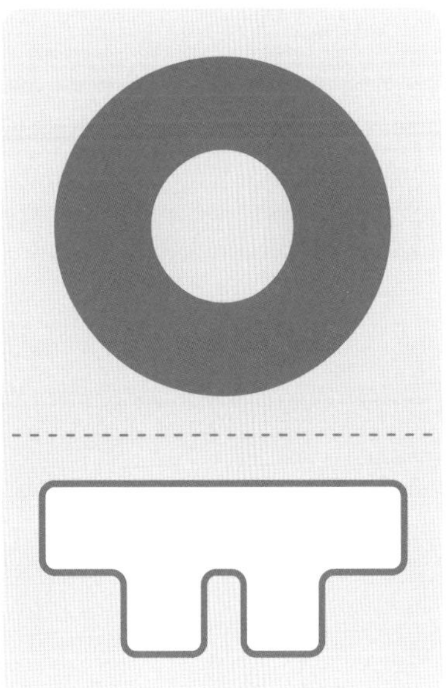

❹ [유]를 크게 소리 내면서 그림의 이름을 말해 보고, 유 자를 쓰세요.

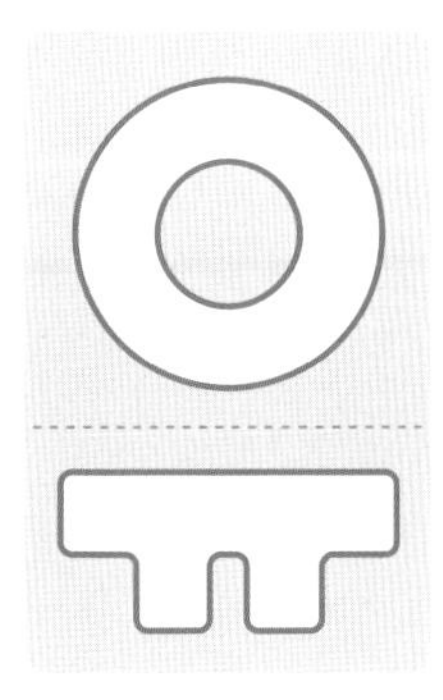

령

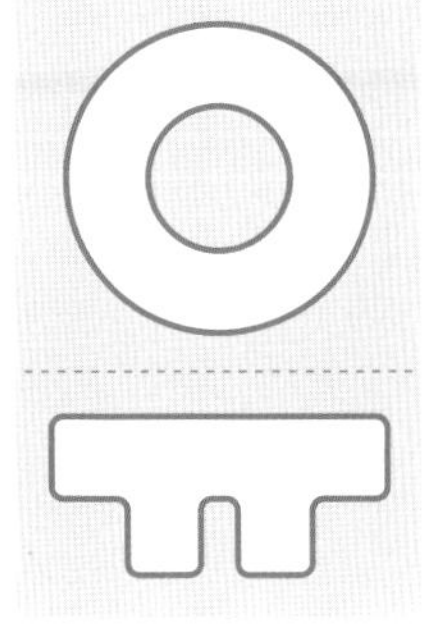

치원

ㅡ를 배워요

1. [으]라고 읽어요

❶ [으]라고 소리 내어 보세요.

❷ [으]라고 읽으면서 ㅡ 자를 써 보세요.

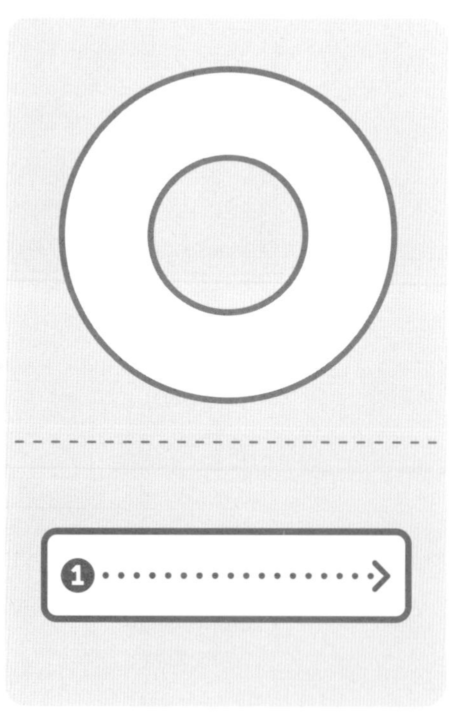

❸ 손가락 한 개를 코 밑에 펴면서 말해 보세요.

한 개를 코 밑에
[으]

❹ 손을 턱 밑에 펴면서 말해 보세요.

한 개를 턱 밑에
[으]

2. 으 자를 찾아요

❶ 손가락으로 그림을 짚으면서 이름을 말해 보세요.

으앙

으악

으르렁

으쓱으쓱

맨 앞에서 같은 소리가 나요. 무엇이었나요?

네, 맞아요. [으]였어요.

❷ ㅡ 자로 시작하는 것을 더 찾아보세요.

으드득

으깨다

으리으리

으슬으슬

이런 말도 ㅡ 자로 시작해요.
으뜸, 으레, 으스스 등도 있어요.
으에 받침이 들어간 은하수, 은행, 음식, 음악, 응가 등은 나중에 배워도 돼요.

3. 으 자를 써요

❶ "한 개를 코 밑에 [으]"라고 말하면서 글자를 만들어 보세요.

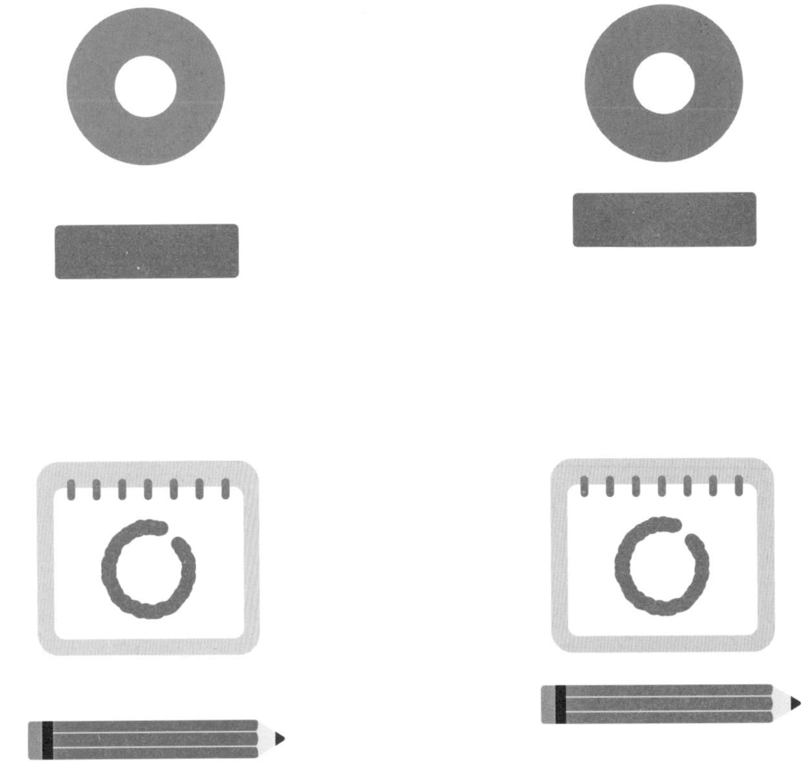

❷ 다른 물건으로 ㅡ 자를 만들어 보세요.

❸ 글자를 하나씩 쓰면서 말해 보세요.

한 개를 코 밑에
[으]

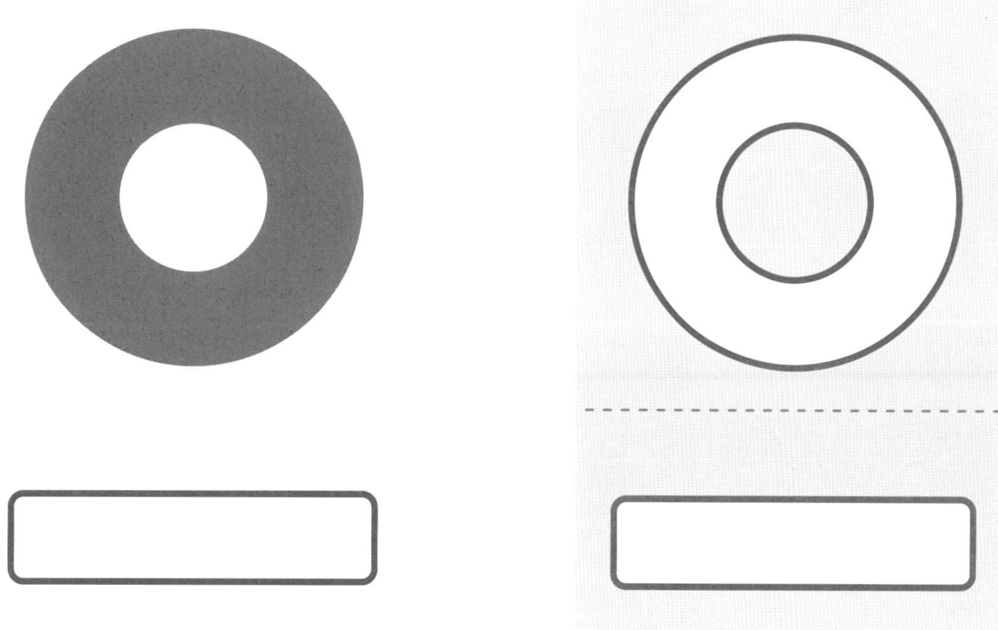

한 개를 코 밑에
[으]

한 개를 코 밑에
[으]

4. 이름을 완성해요

❶ 그림의 이름을 말하면서 큰 글자를 잘 보고, ㅡ 자를 쓰세요. 큰 글자를 손가락으로 짚으면서 읽어 보세요.

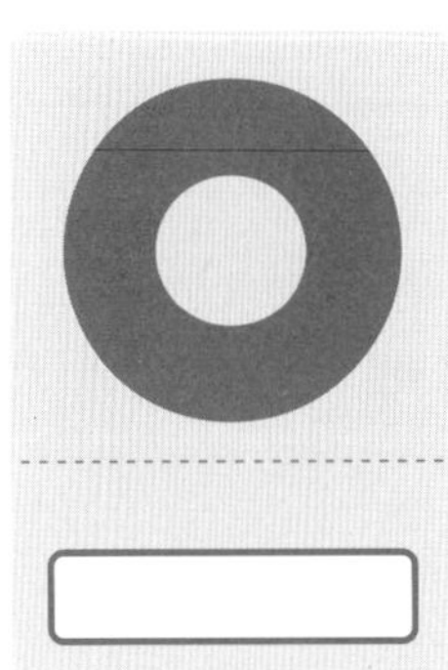

앙

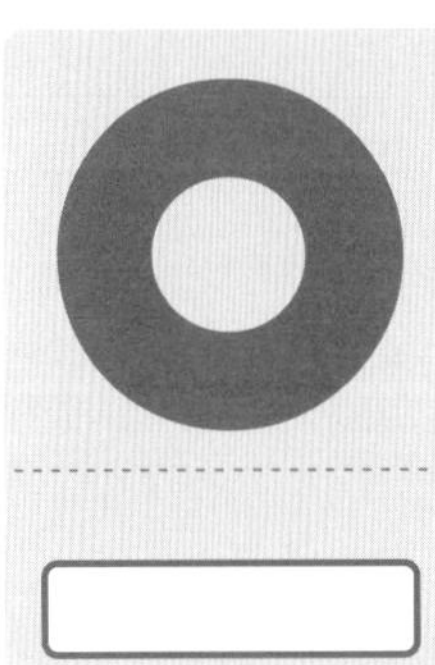

악

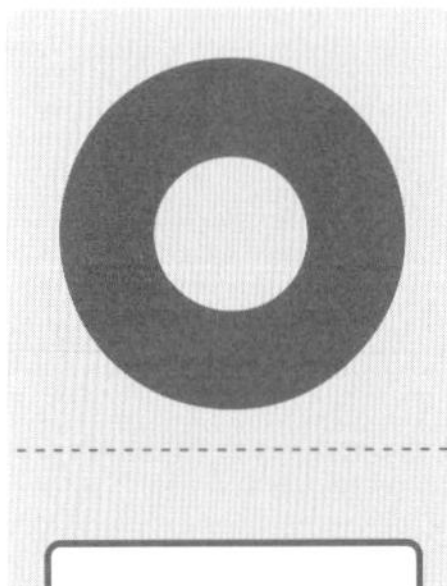

쓱 ㅇ 쓱

❷ 그림의 이름을 말하면서 큰 글자를 잘 보고, 으 자를 쓰세요.

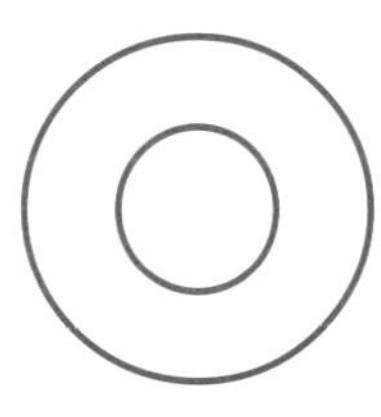

드득

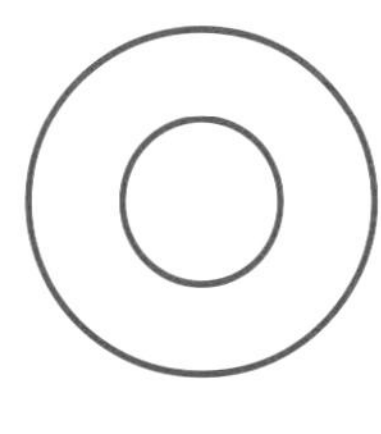

깨다

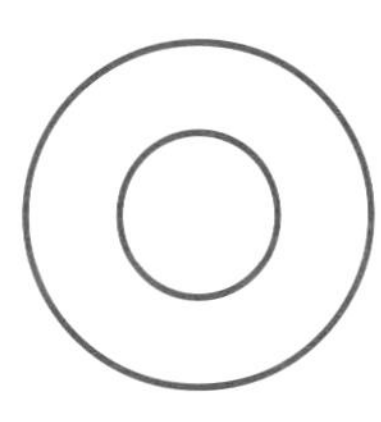

리

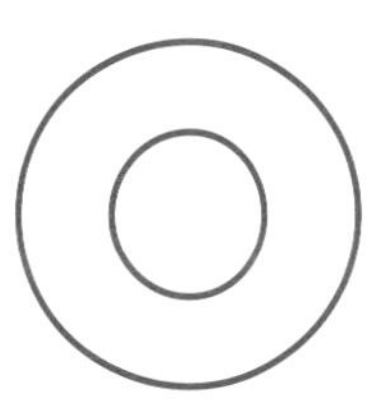

리

❶ [이]라고
소리 내어 보세요.

❷ [이]라고 읽으면서 ㅣ 자를
써 보세요.

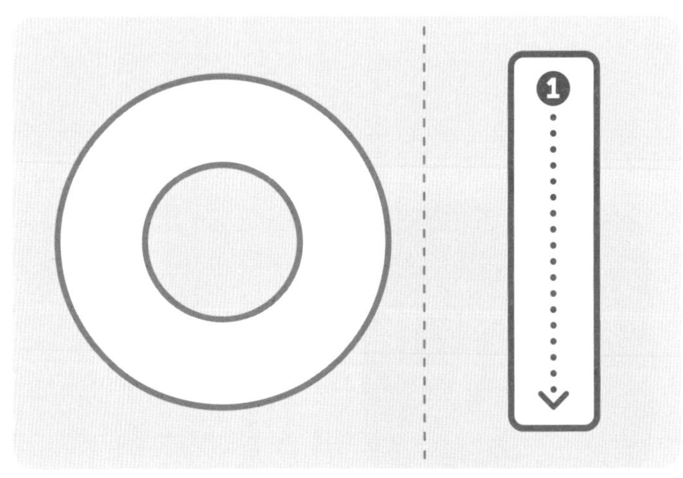

❸ 손가락 한 개를 오른쪽 귀 옆에 펴면서 말해 보세요.

한 개를 귀 옆에
[이]

❹ 손을 오른쪽 귀 옆에 펴면서 말해 보세요.

한 개를 귀 옆에
[이]

2. 이 자를 찾아요

❶ 손가락으로 그림을 짚으면서 이름을 말해 보세요.

이

이

이마

이사

맨 앞에서 같은 소리가 나요. 무엇이었나요?

네, 맞아요. [이]였어요.

❷ 이 자로 시작하는 것을 더 찾아보세요.

이모

이슬

이불

이름표

이런 말도 이 자로 시작해요.
이끼, 이리, 이슬비, 이야기 등도 있어요.
이에 받침이 들어간 인사, 인터넷, 일기, 임금, 입 등은 나중에 배워도 돼요.

3. 이 자를 써요

❶ "한 개만 귀 옆에 [이]"라고 말하면서 글자를 만들어 보세요.

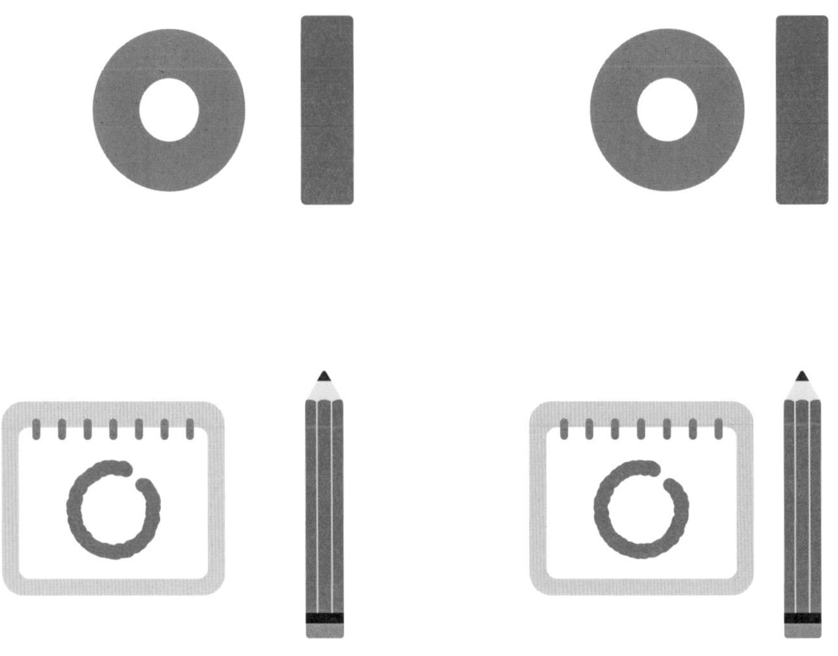

❷ 다른 물건으로 ㅣ 자를 만들어 보세요.

❸ 글자를 하나씩 쓰면서 말해 보세요.

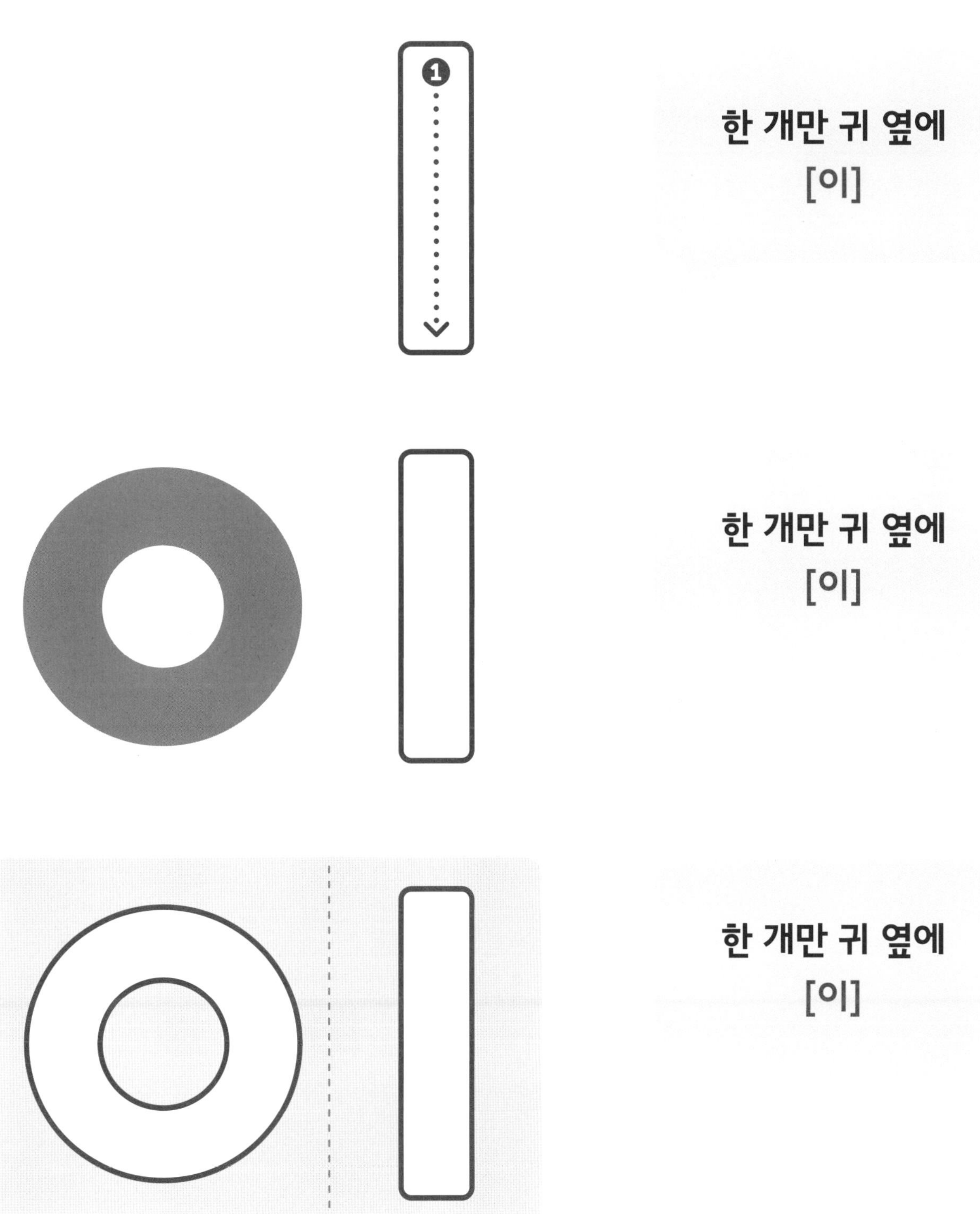

4. 이름을 완성해요

❶ 그림의 이름을 말하면서 큰 글자를 잘 보고, ㅣ 자를 쓰세요. 큰 글자를 손가락으로 짚으면서 읽어 보세요.

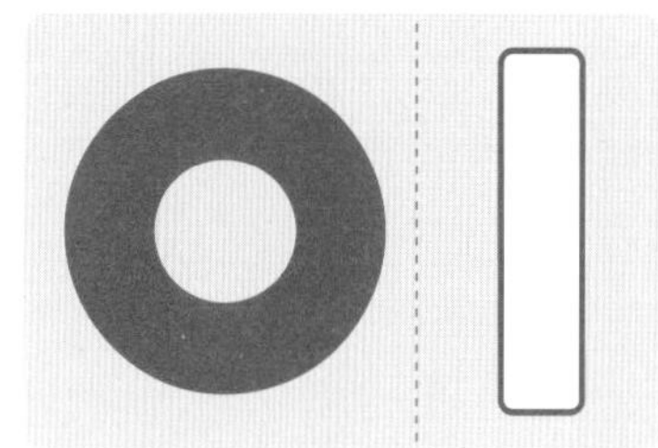

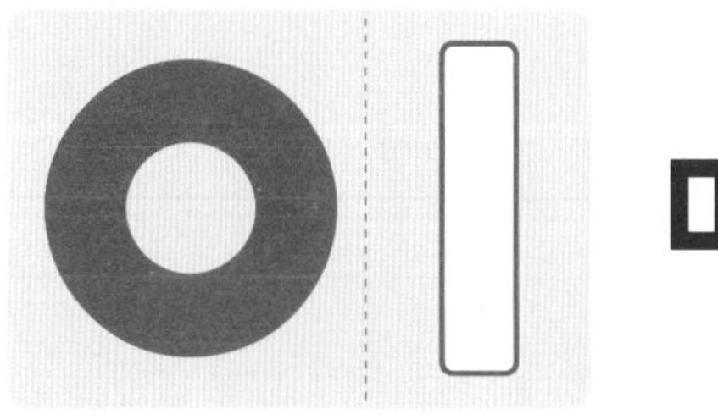

❷ 그림의 이름을 말하면서 큰 글자를 잘 보고, 이 자를 쓰세요.

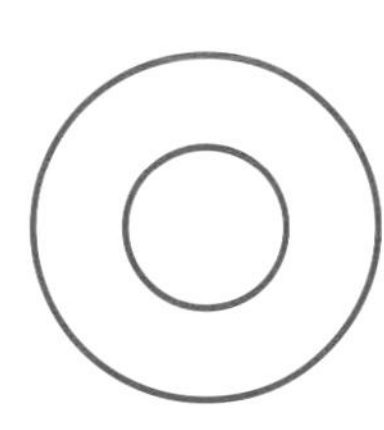

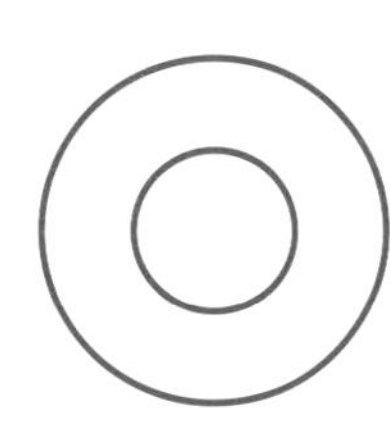

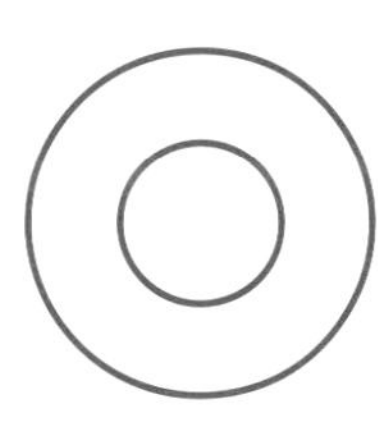

름표

ㅡ와 ㅣ를 비교해요

1. 모양을 비교해요

❶ 손가락 한 개를 펴면서 말해 보세요.

한 개를 코 밑에
[으]

한 개를 귀 옆에
[이]

---

❷ 손을 펴면서 말해 보세요.

한 개를 턱 밑에
[으]

한 개를 귀 옆에
[이]

❸ 글자를 하나씩 쓰면서 말해 보세요.

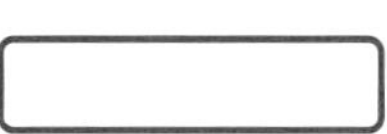

한 개를 코 밑에
[으]

한 개를 코 밑에
[으]

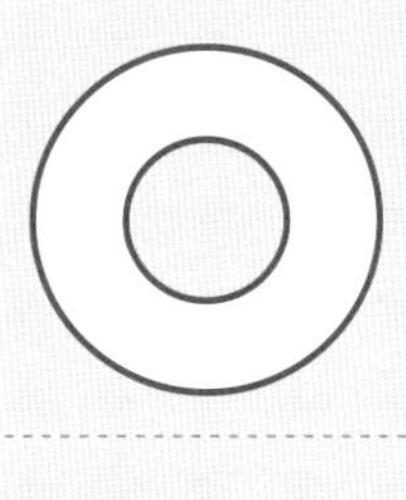

한 개를 코 밑에
[으]

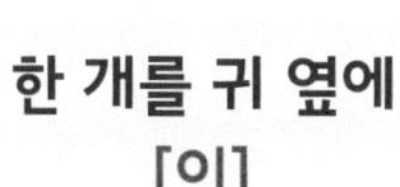

한 개를 귀 옆에
[이]

한 개를 귀 옆에
[이]

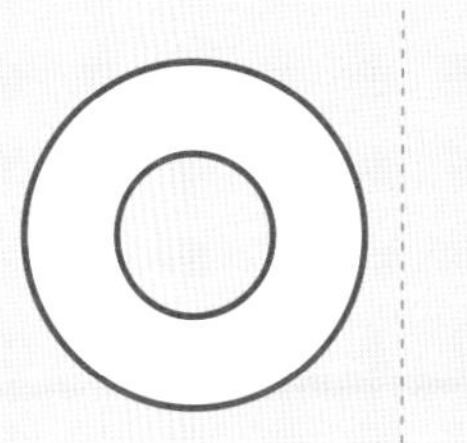

한 개를 귀 옆에
[이]

2. 첫 글자를 써요

❶ [으]라고 소리 내면서
ㅡ 자를 쓰세요.

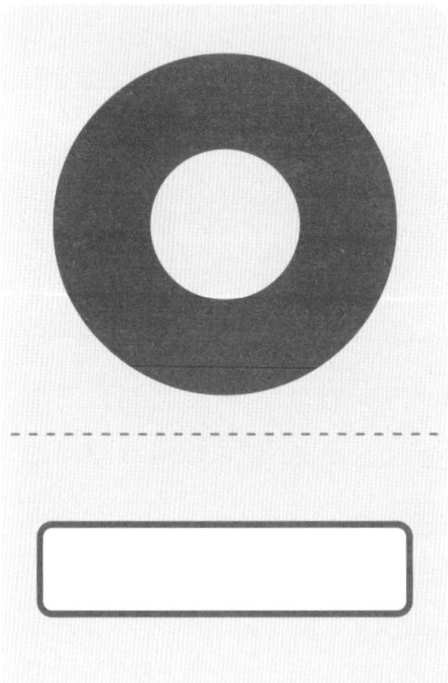

❷ [으]를 크게 소리 내면서 그림의 이름을 말해 보고, 으 자를 쓰세요.

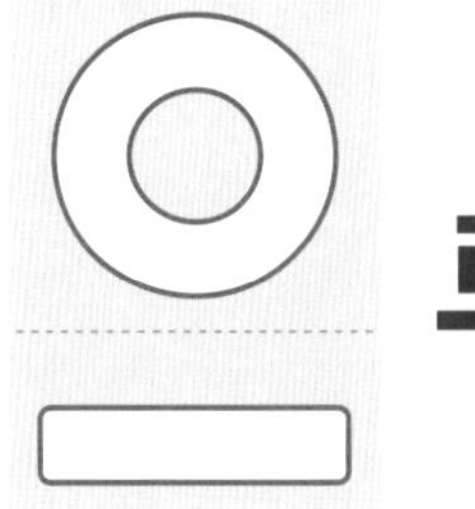 르렁

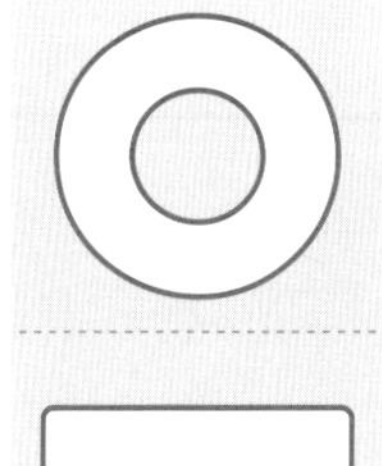 슬 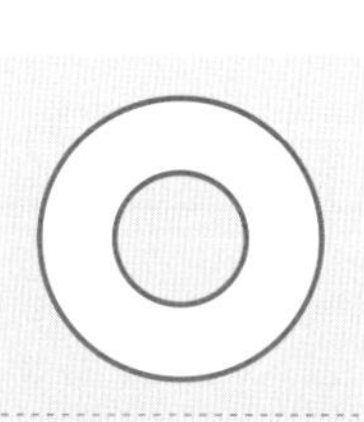 슬

❸ [이]라고 소리 내면서 ㅣ 자를 쓰세요.

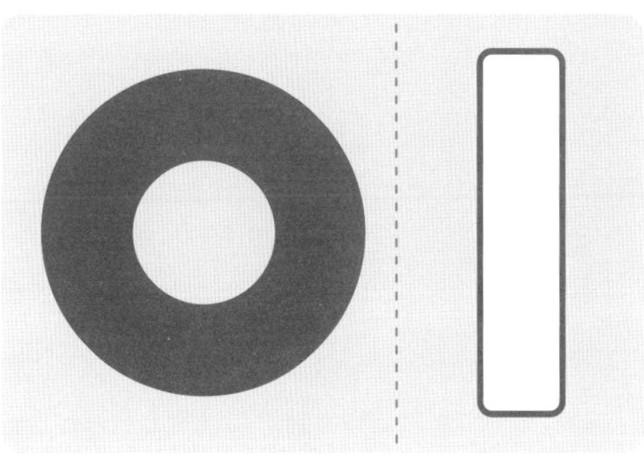

❹ [이]를 크게 소리 내면서 그림의 이름을 말해 보고, 이 자를 쓰세요.

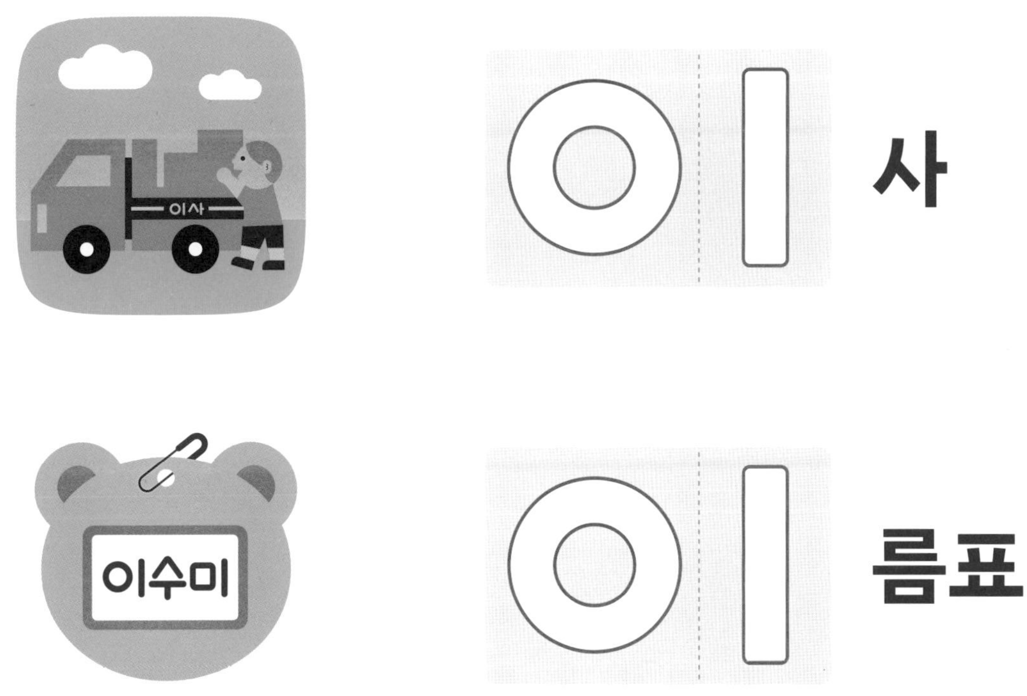

아하 한글 배우기 ❶ 모음 글자를 배워요

초판 1쇄 발행 2020년 12월 10일
초판 19쇄 발행 2024년 6월 17일

지은이 최영환 진지혜
그림 황나경 장현영
펴낸이 김종곤
편집 이혜선 김진영
디자인 햇빛스튜디오

펴낸곳 (주)창비교육
등록 2014년 6월 20일 제2014-000183호
제조국 대한민국
주소 04004 서울특별시 마포구 월드컵로12길 7
전화 1833-7247
팩스 영업 070-4838-4938 편집 02-6949-0953

www.changbiedu.com
textbook@changbi.com

ISBN 979-11-6570-024-9 74710
ISBN 979-11-6570-023-2 (세트)